念な介護　楽になる介護

井戸美枝

日経プレミアシリーズ

はじめに

人生、何が起こるかわかりません。

いつでも人生の「危機」はやってきます。私が「危機」という言葉を身近に感じたのは、1995年の阪神・淡路大震災で被災したときです。地震の揺れはほんの数十秒でしたが、6000人を超える方々が亡くなりました。そして、地震の直後だけではなく、その後、物理的なライフラインの復旧をはじめ、元の生活に戻るまでの日々は大変なものでした。生活が落ち着いて最初に考えたのは、このような目に二度とあいたくない、被害を最小限に抑えられるように準備をしようということでした。

最近、現れた「危機」は、新型コロナウイルスのパンデミックです。日本人の平均寿命の伸びをもたらした要因の1つに伝染病の克服があります。今回、伝染病は決して過去のものではないことを痛感させられました。ウイルス感染を防ぐため、人との接触をできるだけ避け、家にこもることが多くなりました。地震の場合は隣近所との協力が不可欠ですが、今回は、頼りになるのは自分と家族、つまり世帯の自力です。各世帯で準備ができていたでしょうか。

そして、人生の「危機」は「死ぬこと」です。地震や伝染病だけではなく、普段の生活の中でも、病気や事故などで「死ぬこと」と向き合っています。事故、災害や伝染病による突然の死ではなく、普段の生活の中で「死ぬこと」をどう迎えるかは難しいことですが、対応しなければなりません。

親の介護は、いわば「親が死ぬこと」と向き合うことです。そして、このことは、「自分が死ぬこと」への準備をすることにつながります。私は、夫の両親を含め4人の親を亡くしましたが、私自身の死をどのように迎えればよいのか、これらの経験がこと細かく教えてくれたように思います。

介護を上手に乗り越えるには、自助、共助、公助の3つの視点が必要になります。自分や家族だけでは対応できないことが数多くあり、ほかの人や公的な機関からの支援が必要となります。しかし、最も大切なのは、自分たちが自ら乗り越えるという強い気持ちを持ち続けることです。その気持ちを後押しし支えてくれるのが、共助であり公助です。最初から、他者からの援助や支援があるわけではありません。なぜなら、どのようなことに困っているのか、どのような助けがいるのかは、家族によって異なるからです。

また、介護は在宅が良いのか施設が良いのか、と安易に聞かれることがあります。当たり前ですが、ふつうは、住みなれた在宅のほうが施設より良いものです。私は、在宅で支えきれなくなったときに、施設での介護を考えるべきだと考えています。病気が悪化した際に、病院に入院するのと同様です。ただ、在宅で支えられなくなる状態は、要介護者の状況、家族の構成・同居や別居によって異なるので一様な答えはありません。この点も、自分たちでしっかり考える必要があります。

介護のような「危機」への有効な対応方法は、次の3つにまとめられます。

まず、「危機」に関する情報を収集し、現状を分析して課題を明確にすること。次に、課題を解決するためにやるべきことを明らかにし、それを実行するためのハードルをクリアしながら万全の準備をすること。最後は、予行演習や訓練です。これらは、地震などの大規模災害に備える方法と同じです。

親の介護に備えるためには、まず、親の状況を把握し、あわせて介護に関する情報を収集して課題を明確にします。情報収集については、本書のような関連書籍や、テレビ番組などの映像情報が多くのことを教えてくれます。現状分析については、親の心身・経済の状況、同居・別居の別、隣近所や友人・知人などの交友関係、医療機関・介護保険施設・公的機関などの所在地と担当者氏名・連絡先などを調べます。そして、今後どのように対処していくか方針を決め、そのための準備を行いますが、ポイントは自分や家族だけで課題を解決しようと殻に閉じこもらないことです。悩みは家に置いて、外に出て「つながり」を持つように心がけましょう。

そして、最後の予行演習・訓練で大切なのは、親戚や知人の介護を、数多く、現場を含めて経験しておくことです。介護は生活全般にかかわることなので、詳しく理解するためには現場を知ることが有効です。

本書は、長い道のりになる親の介護への最初の一歩となればと思い、執筆しました。各章の冒頭では、よくある介護の問題をストーリー形式で紹介し、実際の事例をイメージできるようにしました。その後に、問題を解決するための公的制度やサービスなどの活用方法を詳しく解説しています。先に述べた情報収集のお役に立てば幸いです。なお、本書の内容は執筆時点のものです。

最後に、企画編集の段階から協力してくださった村田くみさん、さまざまなアドバイスをいただいた日経ＢＰ 日本経済新聞出版本部の小谷雅俊さんに、深甚なる感謝の意を述べさせていただきます。

２０２０年12月

井戸美枝

目次

第9章　どうすれば介護離職を避けられるか

第　1　章

介護は
突然やってくる

ケース　母80代。娘50代、独身、1人暮らし。親と近居

実家の近所に住むA子さん（52）は会社員。バブル期に就職をして以来、〝バリキャリ〟で働き続けてきました。30代前半で一度、社内結婚をしましたが2年ほどで離婚。母は実家に戻ってもいいと言ってくれたのですが、近所の人たちから「どうしたの？」といちいち聞かれるのが面倒で、隣町のマンションで1人暮らしをすることになりました。

両親はしばらく2人で生活をしていましたが、父が5年前に死去。それから母は1人になりました。80歳を超えてから少しずつ物忘れが増えてきて、身の周りのことができなくなってきます。ある日、職場に病院から電話がかかってきました。母がふすまのへりにつまずいて転び、大腿骨を骨折してしまったというのです。幸い意識はあったので、救急車を自力で呼ぶことができ、激しい痛みに襲われながら玄関まではっていったとのことでした。病院に着いてから「私に代わって娘に電話をしてほしい」と携帯電話を看護師に託し、病院の職員からA子さん宛てに連絡が入ったのです。

親が倒れた場合に備えておくこと

親が倒れたとき、救急車を呼んだほうがいいのか、自家用車で救急病院に連れていったほうがいいのか、一般の人は判断がつかず「どうしよう」とパニックに陥ってしまいがちです。万が一に備えて、倒れたときの「連絡網」を用意しておくといいでしょう。A子さんのように、お母さんがまだしっかりやりとりができるのであれば、「何かあったら携帯に電話をかける」というのを約束事にしておく方法もあります。「仕事中だから迷惑をかけてしまう」といって子どもの携帯に電話をかけるのを躊躇する親も多いのですが、「緊急時には電話をする」と約束していれば、子どものほうも安心できます。

また、ふだんから親の持病を知っておきましょう。もし高血圧や糖尿病の薬をもらうために定期的に内科のクリニックなどに通っているのであれば、そのクリニックの医師に「かかりつけ医」になってもらい、連絡先を聞いておきましょう。

地域の診療所などから「紹介状」をもらわないで大病院にかかると、窓口での負担額が増えてしまいます。対象となる病院は高度な医療を提供する「特定機能病院」やベッド数が

200床以上の「地域医療支援病院」で、負担額は初診の場合、5000円以上（歯科の場合3000円以上）、再診では2500円以上（歯科は1500円以上）の特別料金がかかります。

緊急入院する場合に備えて、必ず持参しておきたいものを事前にリストアップしておくと便利です。特に「お薬手帳」は必須です。お薬手帳は、これまで自分が服用してきた薬を記録したもの。薬を処方してもらった日付や処方箋を出してもらった医療機関、薬の名前と量、服用の方法、服用に関する注意事項、調剤した薬局などの名前が記載されたシールが貼られます。過去の病気や副作用、アレルギー歴が記録されているため、新たに医療機関を受診して薬を処方してもらうとき、副作用や飲み合わせのリスクを軽減することができるのです。受診したときにお薬手帳を持参しないと、診察してもらえない場合もあるので忘れないようにしましょう。

救急車を呼んだほうがいいのか迷ったときは、各自治体の緊急相談窓口で電話相談をする方法があります。東京都では東京消防庁の「救急相談センター」につながり、医師、看護師、救急隊の勤務経験がある人などの専門家が、24時間365日対応してくれます（携帯電話、固定電話とも)。また、夜間休日の当番医情報を案内している自治体では、自治体のインターネットで情報を公開していることがあるので、広報などで確認しましょう。

#7119……救急相談センター(札幌市、東京都、横浜市、大阪府、京都府、神戸市、奈良県、福岡県など)

#7000……大人の救急電話相談(埼玉県)

入院先の病院では、健康保険証や介護保険証を提出して、5万~10万円程度の「入院保証金」とともに書類を提出します。その際、住所が異なる家族、親族などから1~2人の「保証人」を求められます。緊急の連絡先や利用料金の支払い、万が一、亡くなった場合の遺体の引き取りを保証するためです。入院保証金は現金なので誰が支払うのかといったことや、主治医から治療方針や経過などの説明を受けるのは誰が担当するのかといったことをあらかじめ家族の間で話し合っておくと、トラブルを防ぐことができます。

また、病院によっては、寝具類(寝間着)やタオル類について、院内感染を防ぐ観点から強制的にレンタルを求められることがあります。おむつ代なども含めて、実費で1日1000円以上かかりますので、入院期間分のレンタル代、おむつ代も用意することを忘れ

図表1-1　入院時に主に必要なもの

□お薬手帳	□服用中の薬	□診察券（カード）
□健康保険証		
□入院保証金（保証人を立てれば不要としている病院もある）		
□入院するときの保証人（住所の異なる親族、知人など）		
□タオル・寝具などのレンタル代	□入院生活品	□印鑑

ないようにしましょう。

なお、病院内には「医療連携室」「患者相談室」などが設けられていて、医療ソーシャルワーカーがいます。例えば、退院後、自宅での生活が不安なとき、介護施設に移れるのかどうか、あるいは、どんな介護サービスを受けられるのかといったことや主治医には聞きづらい医療費についても相談できます。

高額の医療費は安くできる

高齢になると、入院日数が長期化して医療費も多くかかります。厚生労働省の患者調査（２０１７年）によると、平均在院日数は病気全体で29・3日となっています。疾病によっては年々減ってきており、6割が10日以内の短期入院です。しかし、35歳～64歳の人は21・9日である一方、65歳以上の人は37・6日で、高齢になるほど入院期間は長くなる傾向が見られます。

入院期間に比例して医療費は増えます。厚生労働省「2017年度 生涯医療費」によると、日本人の生涯医療費の平均は約2724万円（男性2622万円／女性2831万円）。このうち約6割が、65歳以降にかかる費用で男性1466万円、女性1693万円となっています。

この数字を見るとびっくりされるかもしれませんが、加入している健康保険がカバーしてくれます。自己負担はかかった医療費の1～3割。その自己負担額にも「高額療養費制度」といって、1カ月ごとの上限額が設けられており、払いきれないような高額な医療費を請求される心配はありません。

A子さんの母は1カ月近く入院して手術を受けた後、リハビリ病院に転院し、さらに3カ月入院することになりました。年収は年金（老齢基礎年金と遺族厚生年金）のみで168万円。高額療養費制度を利用したので、1カ月目は5万7600円ですみました。

1年に3回以上、高額療養費制度の適用を受けたら4回目からは「多数回」に該当し、自己負担限度額はさらに下がります。リハビリ病院に入院して3カ月目の医療費は4万

4400円でした。

A子さんの母の医療費の自己負担額合計　21万7200円
（内訳）
5万7600円×3カ月　＝　17万2800円
4万4400円×1カ月（「多数回」該当）

ただし、注意したいのは、健康保険適用外のサービスは全額自己負担になることです。具体的には、入院時の食事代、差額ベッド代、保険適用外の治療費や手術代、先進医療などが健康保険の適用外となります。

（全額自己負担）入院で医療費以外にかかる費用
- 入院する際の保証金（退院時に医療費の支払いと相殺される）
- 入院時の差額ベッド代

- 食事代などの一部負担
- 家族がお見舞いに訪れる際の交通費
- 日用品などの雑費
- 先進医療の技術料

生命保険文化センター「生活保障に関する調査」（2019年度）によると、差額ベッド代や食費などを含んだ入院時の1日あたりの自己負担額は平均2万3300円。また、同資料によれば、入院平均日数15・7日となっていて、単純に計算すると、2万3300円×15・7日＝36万5810円にもなります。一度の入院にかかる費用は、A子さんの母のケースで考えてみると、医療費にプラスするので約60万円となります。

もちろん、治療内容や入院日数によって、その費用は異なってきます。一概に「いくら用意しておけば安心」とは言えませんが、保険適用外の費用を含めて、入院1カ月あたり50万円前後を1つの目安として考えておくといいでしょう。

高額療養費の支払いを受けるのは、診療月から3カ月以上後になるので、「どうしてもお

図表1-2 健康保険・高額療養費制度の自己負担額

年齢	69歳以下	70～74歳	75歳
健康保険の自己負担率	3割	2割（現行並み所得者は3割）	1割（現行並み所得者は3割）
高額療養費制度の自己負担額（世帯ごとの1カ月の上限額）	80,100円＋(医療費−267,000)×1%（年収約370万～約770万円の場合）	57,600円（年収156万～約370万円の場合）（外来・入院／世帯）	

（出所）厚生労働省

金を用意できない」という人もいると思います。医療費が高額になりそうなときは「限度額適用認定証」を利用しましょう。

限度額適用認定証を保険証と併せて医療機関の窓口に提示すると、支払いが1カ月の自己負担限度額（高額療養費）までになります。70歳以上75歳未満で所得区分が一般の人は、健康保険証、高齢受給者証を医療機関の窓口に提示することで自己負担限度額までになります（限度額適用認定証はありません）。

介護の手続きは入院中に行う

入院すると、すぐに主治医から病状の経過など入院日から退院日までの予定が書いてあるスケジュール表「入院時診察計画表」などを見ながら説明を受けます。退院時の目安、退院時の体の状態などを聞いておくと、退院してからどのような在宅介護が必要になるのか判断がつきやすいでしょう。

最近、入院期間が短くなっており、がんの手術でも1週間程度で退院、ということも少なくありません。脳梗塞や脳出血などの脳血管障害を起こして後遺症が残った場合は、急性期病院から回復期リハビリ病院に転院し、在宅復帰のために2～3カ月程度、理学療法士、作業療法士、言語聴覚士による個別のリハビリを受けることがあります。そのため、どれくらいお金がかかるのかは、疾病によってかなりの差が出てきます。

A子さんは、母が入院している間、自宅に戻ったときにスムーズな生活が送れるように、「要介護認定」を受けて介護保険の介護サービスを受けられる手続きを進めておいたほうがいい、と親戚からアドバイスをもらいました。65歳になると介護保険被保険者証が交付されますが、介護サービスを利用するためには要介護認定が必要になります。認定を受けるためには、居住地の市区町村の介護保険課などの窓口で、本人や家族が申請書を提出する必要があります。入院中に申請することも可能で、地域包括支援センターや居宅介護支援事業所に代行申請をお願いできます。

まずは「地域包括支援センター」に相談

「地域包括支援センター」は自治体の出先期間で、中学校区におおむね1つあります。主任介護支援専門員（ケアマネジャー）や保健師、社会福祉士、看護師などの専門家がいるので、ワンストップで、介護のほか医療や福祉について相談できます。「骨折で入院して車いすが必要になった」「自宅に手すりをつけたい」と思ったときなどにアドバイスをくれたり、「親の言動がおかしいので認知症かもしれない」というときにどこの病院に行ったらいいのかや在宅介護で必要なプランを考えてくれたりします。

〈地域包括支援センターで行っていること〉

- 介護や福祉に関する相談の支援
- 要支援1・2の人に向けた介護予防ケアプランの作成
- 高齢者に対する虐待防止、権利擁護事業
- 1人暮らしの高齢者に対する見守り

（相談できること）
- 介護保険サービスを利用するためにはどうしたらいいのか
- 介護生活にはどのくらいお金がかかるのか
- 1人で暮らす親が心配
- 親の言動が最近おかしくなった
- 高齢者向けの施設、住まいに住み替えをしたいがどんな方法があるのか
- 成年後見制度の利用方法が知りたい　など

電話をするときは、相談内容をあらかじめまとめておき簡潔に伝えてから相談日時を予約すると、当日の対応もスムーズにいきます。A子さんは母の居住地の地域包括支援センターに連絡をして「要介護認定を受けたい」と伝え、面談の日時を予約しました。

要介護認定の申請から認定までの流れ

市区町村の窓口で「要介護認定」の申請を行うと、申請後に市区町村の職員などが親のも

とを訪問し、聞き取り調査（認定調査）が行われます。同時に、市区町村からの依頼により、かかりつけの医師が心身の状態について意見書（主治医意見書）を作成します。その後、認定調査結果や主治医意見書にもとづいて、コンピューターによる1次判定、介護認定調査会による2次判定を経て、要介護度が決定されます。申請から認定まで30日以内に返事が来ます。

認定結果は要支援1・2、要介護1～5まで7段階、および自立（非該当）に分かれており、それぞれの要介護度に応じたサービスが利用できます。

介護が必要になったときに備えて、親の住所の近くにある地域包括支援センターの場所を調べておきましょう。介護保険の情報を得るだけではなく、「介護保険のしおり」「介護サービスの手引き」など自治体が独自に発行している小冊子をもらっておくと、最新情報を入手できます。

図表1-3 介護サービスを受けるまでの流れ

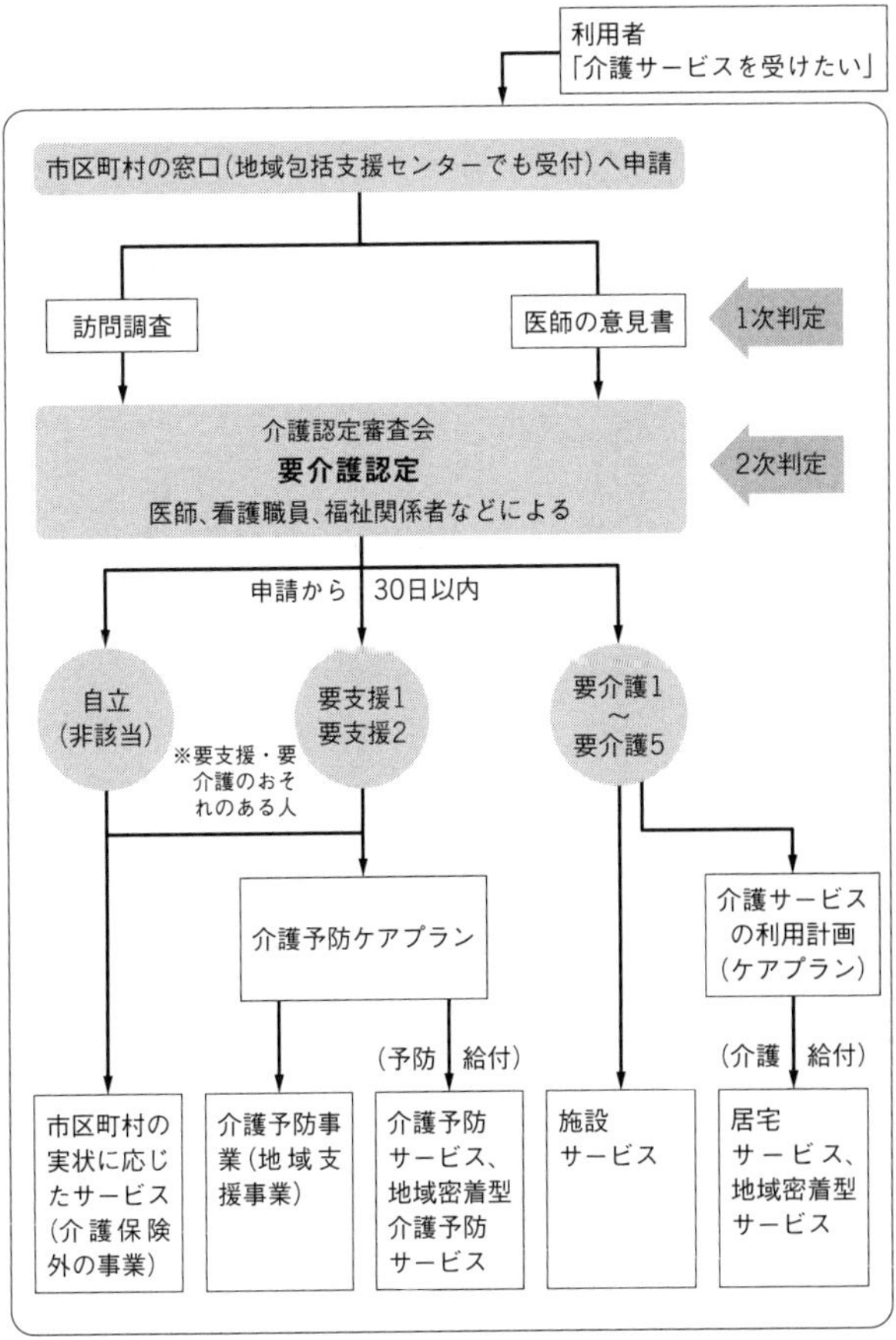

介護サービスを受けるまでにやっておくこと

親（介護を受ける人）の収入を把握する

２０１８年８月から利用者負担額の見直しが行われ、所得の多い高齢者は自己負担が３割になりました。収入によっては介護サービス費の負担が大きくなります。親の収入と資産を確認して、毎月どれくらいお金がかかるのか、収入と支出のバランスを確認しましょう。

（自己負担の割合の目安）

年金収入等　単身世帯で３４０万円以上（本人の合計所得金額２２０万円以上）　３割

年金収入等　単身世帯で２８０万円以上（本人の合計所得金額１６０万円以上）　２割

年金収入等　単身世帯で２８０万円未満（本人の合計所得金額１６０万円未満）　１割

どんなサービスを受けることができるのか知る

次に、介護保険ではどのようなサービスが使えるのか調べてみましょう。居宅サービス

（第5章、第6章参照）、施設サービス（第4章参照）、地域密着型サービス（第6章参照）の中から、親本人の希望を聞きながら家族で話し合うことです。

その際、介護事業者の住所と電話番号が、覧になっている電話帳「ハートページ」や「介護サービスの手引き」などの小冊子で、近所にどのような介護事業者がいるのかを探して、ホームページなどでチェックしてみましょう。

介護のキーパーソンを決める

親が病気や介護状態になったときは、本人の判断能力が乏しくなります。病気や治療法の説明を主治医に一緒に聞くほかにも、ケアマネジャーと連絡を取る際に、家族側の窓口となるキーパーソン（調整・交渉役）が必要になります。ただし、役割が1人に集中すると負担がかかってしまうので、全部を背負わないこと。家族で役割を分担するためにも話し合いが大切です。

居宅介護支援事業者を選び「ケアマネジャー」を決める

要介護の人が介護保険制度を使い介護サービスを受けるためには、居宅介護支援事業所を選び、「ケアマネジャー（介護支援専門員）」を決めます。ケアマネジャーは生活環境や親本人の希望に応じた「ケアプラン」を作成します。ケアマネジャーを選ぶ際には、ハートページにある居宅介護支援事業者のリストから探すのが一般的ですが、相性もあります。電話対応の良し悪し、自宅からの距離などから判断しましょう。すでに介護サービスを利用している人の口コミも参考になります。要支援の人は地域包括支援センターでケアプランを作成してもらい、また、非該当の人は、同じく地域包括支援センターで介護予防のためのサービスが受けられます。

介護保険で受けられる在宅サービス

要介護と利用限度額

要介護度は、図表1－4のような身体の状態が目安になり、1カ月あたりの利用限度額が大きく変わってきます。自己負担額を超えた部分は実費になります。

図表1-4　要支援・要介護度の目安

要介護度	身体の状態	在宅サービス1カ月の利用限度額の目安（1割負担）
要支援1	日常生活上の基本動作は、ほぼ自分で行うことが可能だが、起き上がりや立ち上がりなどの一部を支援することにより、要介護状態となることの予防が可能	約5万320円（5,032円）
要支援2	日常生活において、歩行や洗身などに不安定さが見られることが多いが、日常生活動作の一部を支援することにより、要介護状態となることの予防が可能	約10万5,310円（1万531円）
要介護1	歩行や洗身などに加え、薬の内服や金銭管理に介助が必要な状態または医療的管理が必要な状態で、日常生活の一部に介助が必要	約16万7650円（1万6,765円）
要介護2	立ち上がりや歩行など自力でできない場合が多い。排泄や入浴などに一部介助または全介助が必要	約19万7,050円（1万9,705円）
要介護3	立ち上がりや歩行などが自力ではできない。排泄や入浴、衣服の着脱などに全介助が必要	約27万480円（2万7,048円）
要介護4	日常生活上の能力がかなり低下しており、排泄や入浴、衣服の着脱などに全面的な介助、食事摂取に一部介助が必要	約30万9,380円（3万938円）
要介護5	日常生活上の能力は著しく低下しており、生活全般にわたって、全面的な介助が必要	約36万2,170円（3万6,217円）

（出所）厚生労働省

サービスの種類を知っておく

介護保険で受けられるサービスは、自宅に訪問を受ける「在宅サービス」、施設に通って利用する「施設サービス」や短期入所するサービスなどがあります。

要支援の人とは受けられるサービスが異なりますので、要介護の人はケアマネジャーに確認しましょう。また、要支援の人は地域包括支援センターのケアマネジャーがケアプランを作成します。非該当になった人でも健康状態によって自治体が実施する訪問型・通所型サービスが利用できます。

〈在宅サービス〉自宅に訪問してもらって受けるサービス

（要介護の人）

- 訪問介護（ホームヘルプ）……ホームヘルパーが自宅を訪問し、食事、入浴、排泄などの介助が受けられます。
- 訪問看護……看護師や保健師が訪問し、療養上の世話や診療の補助が受けられます。
- 訪問リハビリテーション……リハビリの専門家（理学療法士、作業療法士、言語聴覚士）が訪問し、リハビリテーションが受けられます。

- 訪問入浴介護……介護浴槽を積んだ車で訪問して入浴介助が受けられます。
- 居宅療養管理指導……医師、歯科医師、薬剤師、栄養士などが訪問し、療養上の管理・指導が受けられます。

（要支援の人）

- 介護予防・日常生活支援総合事業「訪問型サービス」……ヘルパーなどが訪問し、介護予防を目的として日常生活の支援が受けられます。利用回数は要支援1の人は週1～2回、要支援2の人は週1～3回、非該当の人でも「介護予防・生活支援サービス事業」を利用できる人は週1回利用できます（自治体の基準による）。
- 介護予防訪問入浴介護……疾病などやむをえない理由で入浴介助が必要な人向けに、介護浴槽を積んだ車で訪問して入浴介助が受けられます。
- 介護予防居宅療養管理指導……医師、歯科医師、薬剤師、栄養士などが訪問し、介護予防を目的とした療養の管理・指導が受けられます。

（訪問介護の対象になるもの）

•身体介護……入浴や排泄、食事の介助など利用者の身体に直接触れる介助で、本人が行うのが困難な場合。排泄介助・おむつの交換、入浴の介助・身体の清拭《せいしき》、着替え・体位変換の介助、通院などの外出援助。

•生活援助……掃除、洗濯、買い物、調理などの家事で、利用者が行うのが困難な場合。同居の家族がいるときは、家族が障害、疾病などの理由でできない場合は利用の対象になります。利用者が使用する居室などの掃除、利用者の衣類、食料等の生活必需品の買い物、一般的な食事の調理。

（訪問介護の対象にならないもの）

直接本人の援助にならない行為や日常生活の援助に該当しない行為、日常的な家事の範囲を超える行為は介護保険の対象になりません。

利用者以外の人の洗濯、調理、買い物。利用者が使用する居室など以外の掃除。ゴミ出し、来客の対応、自家用車の洗車、庭の草取り、樹木の剪定《せんてい》、犬の散歩などペットの世話、家具の移動や部屋の模様替え、大掃除など。

〈通うサービス〉

自宅から施設などに通って、食事や入浴などを日帰りで受けられます。送迎がついているので送り迎えしてくれます。

〈要介護の人〉

- 通所介護（デイサービス）……日帰りでデイサービスセンターなどに通い、ほかの利用者と一緒に食事、入浴などの介助やレクリエーション、機能訓練などが受けられます。
- 通所リハビリテーション……日帰りで介護老人保健施設や病院などに通い、食事や入浴などの日常生活の介助や理学療法士、作業療法士によるリハビリテーションが受けられます。

〈要支援の人〉

- 介護予防・日常生活支援総合事業「通所型サービス」……日帰りでデイサービスなどに通い、介護予防を目的として機能回復訓練、生活機能向上訓練などが受けられます。サービスの時間によって利用料が異なります（自治体の基準による）。

●介護予防通所リハビリテーション……日帰りで介護老人保健施設や病院などに通い、食事や入浴などの日常生活の支援や理学療法士、作業療法士によるリハビリテーションが受けられます。

〈一時入所して受けるサービス〉

●短期入所生活介護（ショートステイ）……介護老人福祉施設などに短期入所して、食事、入浴などの介護サービスや生活機能維持・向上訓練を行います。

●短期入所療養介護（ショートステイ）……介護老人保健施設などに短期入所して、医学的な管理のもと、医療、介護、機能訓練を行います。

〈ほかに使えるサービス〉

●福祉用具のレンタル……日常生活の自立、機能訓練に用いるため、福祉用具を借りることができます。自己負担額は実際にかかった費用の1～3割。介護保険の対象となる品目は13品目となっています。

図表1-5　貸与の対象

1	①手すり（工事をともなわないもの）、②スロープ（工事をともなわないもの）、③歩行器、④歩行補助杖（松葉杖、多点杖など）
2	⑤車椅子、⑥車椅子付属品、⑦特殊寝台（介護用ベッド）、⑧特殊寝台付属品（サイドレール、マットレス、ベッド用手すり、テーブル、入浴用以外の介助用ベルトなど）、⑨床ずれ防止用具、⑩体位変換器（起き上がり装置など）、⑪認知症老人徘徊感知機器（離床センサーなど）、⑫移動用リフト（階段移動用リフトなど）
3	⑬自動排泄処理装置

※2は、要支援1と2、要介護1の人は、利用できません
※3は、尿を自動的に吸引できるものは、要支援1と2、要介護1～3の人も利用できます

- 福祉用具の購入……福祉用具を都道府県指定の事業者から購入した場合、購入費（各年度10万円まで）の7～9割が支給されます。

1　腰掛け便座やポータブルトイレ
2　入浴用いすや浴槽用手すりなど入浴補助用具
3　移動用リフトのつり具の部分
4　自動排泄処理装置の交換可能部品など
5　簡易浴槽

- 住宅改修費の支給……改修工事の費用（合計20万円まで）の7～9割が支給されます。工事を行う前には、必ずケアマネジャーを通して介護保険課への事前申請が

必要です。工事施工後の申請は法令にもとづき支給の対象にならないので注意しましょう。住宅改修の終了後はいったん事業者に工事費を全額支払い、「領収書」などを添えて申請します。

（改修の対象）

①手すりの取り付け
②段差の解消
③滑りの防止及び移動のため、床または通路面の材料の変更
④引き戸などへの扉の取り替え
⑤洋式便器等への便器の取り替え
⑥その他①～⑤までの自宅改修に付帯して必要となる住宅の改修

A子さんの母は懸命にリハビリを行ったおかげで、歩行器で歩けるようになりました。要介護認定の結果、要介護2となりました。自宅での入浴は断念し、週2回、デイサービスに通い入浴とリハビリを受け、週3回ヘルパーに来てもらい、家事支援のサービスを受けるケ

アプランを立ててもらいました。また、自宅の改修をする時間がなかったため、福祉用具のレンタルで廊下とトイレに手すりをつけ、介護ベッドと歩行器はレンタルすることにしました。

親の個人情報を聞き出すタイミング

親が元気なうちに、「どんな介護を受けたいのか」といったことから、看取り、お墓、相続などの要望を聞いておきたいところですが、いきなり話を切り出すと「不謹慎だ」「親の財産を狙っているのではないか」などと思われて逆効果なことがあります。

まずは、親の兄弟や姉妹、または友人が入院して親自身がお見舞いに出かけたときなどに、「お父さん（お母さん）が倒れたとき、病院は個室がいいか、相部屋がいいか」などと話を持ちかけ、加入している民間医療保険やお金の話を聞き出しましょう。加えて、退院した後にどのような生活を送りたいのか、どんな介護を受けたいのかもさりげなく聞いておきましょう。

お盆やお正月など離れて暮らす息子・娘が集まる年末年始、ゴールデンウィーク、夏休みも有効活用しましょう。いきなりお葬式の方法などを聞いてしまうと「縁起でもない」と機嫌を損ねてしまうこともあります。そこで、「そういえば、幼馴染の◯◯さんは元気?」と、さりげなく知り合いの消息を尋ねてみましょう。「いやあ、実はこの間、倒れたのでお見舞いに行ってきた」といった話が出てきたら、無理のない範囲で入院やその後の介護の希望まで聞いておきたいところです。

相談できる場所を知っておこう

介護については、地域包括支援センター以外にも相談できる場所がありますので、困ったことは抱え込まないで相談しましょう。

- 医療ソーシャルワーカー……退院してから健康面で不安が残り、医療の依存度が高いと思われるときは、病院内の医療ソーシャルワーカーに相談しましょう。かかりつけ医を紹介してくれます。また、在宅介護が不安なときは施設やショートステイ先を紹介してくれたり、相談に乗ってくれたりします。

- 社会福祉協議会……民間のボランティア団体。車イスや介護用ベッドの貸し出し、家事サポートなど、介護保険の自己負担分以外でも使えるサービスがそろっています。杖を無料でプレゼントしてくれる自治体もあります。
- 保健センター（保健所）……各市区町村にあり、地域の母子保健・老人保健の拠点。日常生活における家庭での介護や、認知症の相談に応じてくれます。

第　2　章

認知症は
なかなか気がつかない

ケース 母80代、1人暮らし。娘夫婦は50代、長女20代の3人家族。母とは別居

B子さん（55歳）は、夫（58歳）と娘（25歳）の3人家族。実家に1人で暮らす母（83歳）の身を案じているものの、遠く離れていることもあり、年末年始のときぐらいしか実家に帰る機会はありませんでした。

ある年の暮れに実家に帰ってみると、テーブルの上には高額な請求書が5通置いてありました。合計500万円。家のリフォームに使ったようですが、それにしても高すぎました。母に尋ねてみると、「あら、そんなに使ったかしら」と気にしていない様子。玄関にスロープ、トイレや洗面所にも手すりがついていて、壁紙までがキレイに張り替えられていました。母の判断能力が低下したところにつけこんで、B子さんの知らないところで、業者が次々とリフォームしていたのです。

さらには、地元の金融機関から金融商品の購入をすすめる電話もかかっていたようです。「このままではまずい」と思ったB子さんは夫に相談しました。夫から、「お母さんは認知症かもしれないから、家の近くにある地域包括支援センターに行って相談したほうがいい」と言われ、後日、再度単身で帰省しました。「自分の家のこともあるし、何

をどうしたらいいのかわからない」とB子さんはパニックに陥ってしまっています。

6～7人に1人は認知症になる

認知症は誰でもかかる可能性がある脳の病気。何かの原因で脳の細胞に損傷を受けたり、働きが悪くなったりすることで「認知機能」が低下し、生活のしづらさが現れる状態を指します。

厚生労働省「認知症地域支援体制推進全国合同セミナー　認知症施策の動向について（令和元年10月10日）」によると、各年齢の認知症高齢者の推計は、2020年時点で602万人（全人口の17・2％）、2025年には675万人（同19・0％）、2040年には802万人（同21・4％）に達するとされています。1万人コホート（要因対照研究）年齢階級別の認知症の率を見ると、70～74歳が3・8％、75～79歳が11・0％、80～84歳が24・0％です。そして、85～89歳は48・5％と急激に増加します。80代前半では4人に1人、80代後半では2人に1人になっています。

図表2－1　認知症の症状

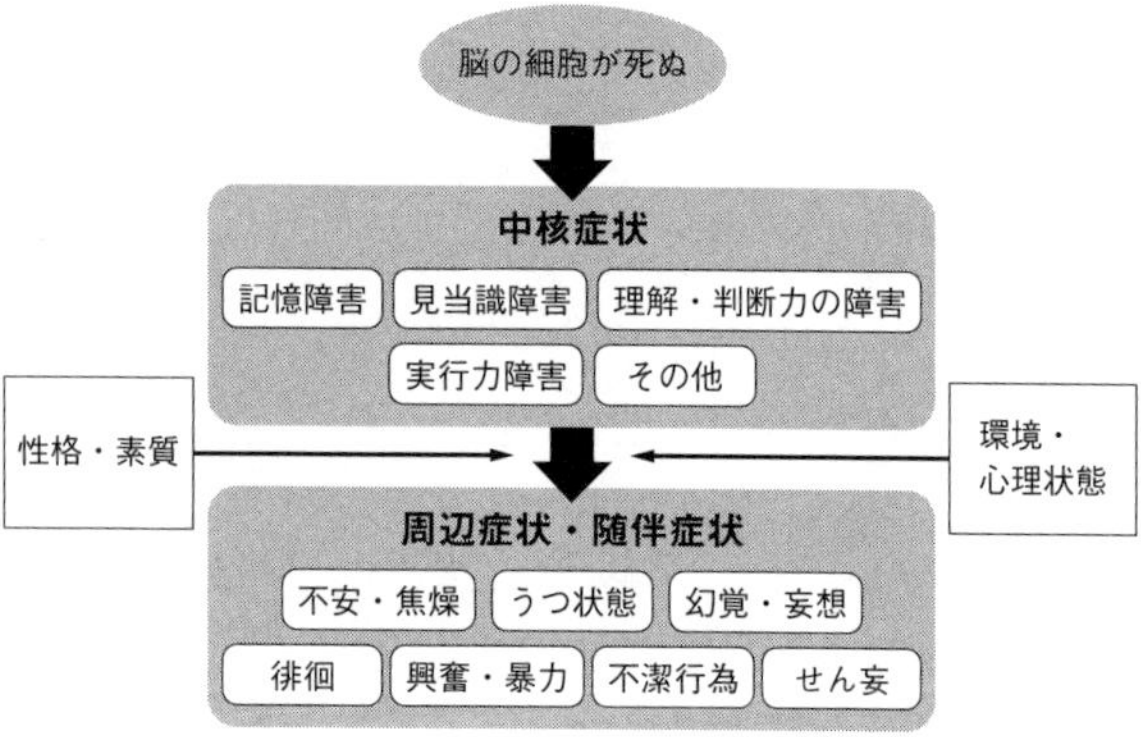

（出所）厚生労働省「政策レポート　認知症を理解する」

また、「記憶障害」は見られるけれども認知機能は保たれていて、日常生活に支障をきたしていない「軽度認知障害」（ＭＣＩ）の状態にある人が約４００万人とされています。ですから、４人に１人は認知症またはＭＣＩの状態にあることになります。

認知症はゆっくり進むので、ＭＣＩが認知症の前段階であるという考え方もあります。「物忘れがひどい」「物の位置関係がわからなくなる」など、同年齢の平均よりも認知機能が低下している状態を指します。

認知症は早期に発見して治療を開始すれば、良い状態を維持したまま生活を送ることができます。そのためにも、家族や周りの人が認知症を理解し、支え方を知っておくことが大切です。認知症にはいくつかの種類があり、それぞれ原因や症状が異なるので特徴を理解しておきましょう。

代表的な認知症の種類

アルツハイマー型認知症

〝たんぱく質のごみ〟アミロイドβが、何らかの原因で脳内の神経細胞の周りにたまってしまい、十数年という歳月を経て記憶をつかさどる「海馬」の萎縮が起きます。

初期の代表的な症状は記憶障害（物忘れ）で、特に最近の出来事を忘れてしまうことが多い特徴があります。また、日時や時間、場所がわからなくなるといった見当識障害、料理を手際よくできない実行機能障害も多く見られます。中等度になると自分１人でできることが減り始め、着替え、入浴、排泄が難しくなってきて失敗が多くなります。道に迷って徘徊することもあります。そして、重度になるし、自分のことや親しい人のことがわからなくなってしまいます。着替え、入浴、排泄は常に介助が必要で、やがて寝たきりになり自発的な運動や会話がなくなっていきます。

アルツハイマー型認知症を治す方法はまだ見つかっていませんが、進行を遅らせる薬を使いながら、認知機能を高める回想法などで進行をできるだけゆるやかにするといった治療を行います。ゆっくりと進行するので、早期発見がとても大切です。

血管性認知症

脳梗塞や脳出血、くも膜下出血をまとめて「脳卒中」と言い、一部の神経細胞に栄養や酸素が行き届かなくなり、神経細胞が死んだり神経のネットワークが壊れたりすることで記憶障害や言語障害が起こります。じわじわと認知機能が低下するのではなく、発作が起きるたびに段階的に悪化する傾向があります。初期の段階では記憶障害は目立たず、ダメージを受けた血管の位置によって症状が異なります。多い症状は手足のしびれ、麻痺、失語、抑うつなどで、感情の起伏が激しくなるのが特徴です。仕事や家事の手順がわからなくなるなどの症状もあります。生活習慣病が最大の原因なので、高血圧、糖尿病などを改善させることが必要です。

前頭側頭型認知症

脳の前頭葉、側頭葉が萎縮することで起こります。初期の段階で特徴的なのは性格が変わること。前頭葉はその人らしさをつかさどるので、急に落ち着きがなくなる、会話中に突然立ち去る、万引きをする、同じ行為を繰り返すといった性格変化が現れてきます。

レビー小体型認知症

大脳と脳幹の神経細胞の中に「レビー小体」と呼ばれる異常なたんぱく質のかたまりができ、神経細胞が壊されて認知機能が低下します。手足のふるえ、筋肉のこわばりなどパーキンソン病特有の症状が出ることで間違った診断が出ることもあります。「幻視」が表れるのも特徴です。

図表2-2 認知症の原因となる病気の割合

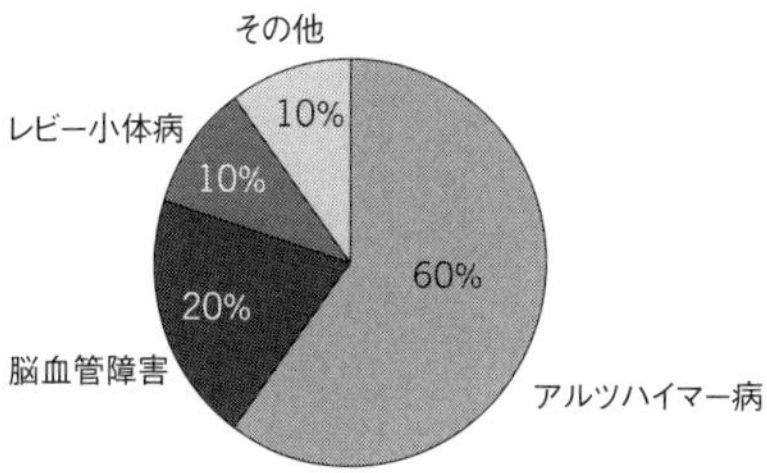

（出所）東京都「認知症の人にやさしいまち 東京を目指して 知って安心認知症」

認知症に気づくためのチェックリスト

自分の認知機能の低下を自覚できる人は少なく、「どこも悪いところはない」「今は困っていない」と言い張って病院の受診を嫌がる傾向があります。さらに、生活上の失敗が増えても「失敗した」とは思わず、すぐに忘れてしまうので、家族から失敗を指摘されると怒りの反応が出てきてしまいます。介護保険のサービスを使おうと思っても、本人は「あまり必要がない」と思っているので、受け入れてもらえないケースもあります。

「もしかして認知症かも?」と思ったら、家族が(または自分で)できる「チェックリスト」試験をやってみましょう。

〈自分でもできる認知症の気づきチェックリスト〉

※まったくない=1点、ときどきある=2点、頻繁にある=3点、いつもそうだ=4点

※問題なくできる=1点、だいたいできる=2点、あまりできない=3点、できない=4点

①財布やカギなど、物を置いた場所がわからなくなることがありますか。
まったくない　ときどきある　頻繁にある　いつもそうだ
②５分前に聞いた話を思い出せないことがありますか。
まったくない　ときどきある　頻繁にある　いつもそうだ
③周りの人から「いつも同じことを聞く」などの物忘れがあると言われますか。
まったくない　ときどきある　頻繁にある　いつもそうだ
④今日が何月何日かわからないときがありますか。
まったくない　ときどきある　頻繁にある　いつもそうだ
⑤言おうとしている言葉がすぐに出てこないことがありますか。
まったくない　ときどきある　頻繁にある　いつもそうだ
⑥貯金の出し入れや、家賃や公共料金の支払いは１人でできますか。
問題なくできる　だいたいできる　あまりできない　できない
⑦１人で買い物に行けますか。
問題なくできる　だいたいできる　あまりできない　できない

⑧バスや電車、自家用車などを使って1人で外出できますか。
問題なくできる　だいたいできる　あまりできない　できない
⑨自分で掃除機やほうきを使って掃除ができますか。
問題なくできる　だいたいできる　あまりできない　できない
⑩電話番号を調べて、電話をかけることができますか。
問題なくできる　だいたいできる　あまりできない　できない

①から⑩までの合計を計算……　点
20点以上の場合は、認知機能や社会生活に支障が出ている可能性があるので、医療機関や地域包括支援センターなどに相談しましょう。
(「東京都福祉保健局高齢社会対策部在宅支援課「知って安心認知症」(平成30年12月発行)」より)

各自治体では、認知症の予防から人生の最終段階まで、初期、中期、後期など進行状況に合わせて、いつ、どこで、どのような医療、介護サービスを受けられるのか、標準的に示した「認知症ケアパス」を作成しています。それを見れば、その時点で利用できるサービスや医療がわかります。

冒頭のB子さんの母は、まだ介護保険のサービスを利用していないので、母の住まいの近くの地域包括支援センターに行って、まずは要介護認定を受けることになりました。さらに、かかりつけ医を紹介してもらい、定期的に診察を受け、在宅介護を中心としたケアプランを作成してもらう予定です。その際に、1人きりの時間をできるだけ少なくしてほしいという要望を、ケアマネジャーに伝えるつもりです。

「親が認知症かもしれない」と思ったときの対応のポイントをまとめると、次のとおりです。

- 地域包括支援センターでは「認知症かもしれないので病院に連れていきたいが、どの病院がいいのかわからないので教えてほしい」「見守りのプランはないか」など知りたいことを具体的にまとめておきましょう。
- 介護保険のサービスをすでに利用しているときは、ケアマネジャーに、具体的に困ったこと、例えば「自宅に勧誘の電話がかかって困っている」「テレビショッピングで買い物をしてもすぐ忘れてしまう」などと相談して対策を講じてもらいましょう。

- 病院に同行するときには「健康保険証」と「お薬手帳」、ほかにかかっている病院（疾病）の有無を確認しておきましょう。
- 医療費の支払いについて、親と相談し、銀行の通帳、印鑑、キャッシュカードなどの管理方法を共有しておきましょう。
- きょうだいで、見守り、もしものときの連絡体制を整え、隣の家の人はもちろん、近所の民生委員などにも「1人暮らしで心配なのでよろしくお願いします」などとあいさつをしておきましょう。

「グループホーム」を利用する

認知症の症状が出始めてからさまざまな方法で見守りを続けた結果、限界が来たと感じたら、施設への入所も検討しましょう。例えば、ある日デイサービスから戻ってきた後、外に買い物に出かけ、自宅に帰れなくなってしまったとします。警察が見つけて自宅まで連れていってもらえれば大事に至りませんが、交通事故にあうケースも少なくありません。

「グループホーム（認知症対応型共同生活介護）」は、認知症の高齢者が家庭的な雰囲気の中、1ユニット5〜9人で共同生活を送り、日常生活の介護を受けるところです。施設内には居室、居間、食堂、浴室などが備わっていて、利用者がそれぞれ役割を持って家事などを担当します。認知症の症状の進行を緩和しながら、日常生活を送ることを目指しています。

利用できるのは要支援2と要介護1〜5で認知症と診断された高齢者です。原則、施設のある市区町村に住んでいる人が対象になります。サービスにかかる費用は、要介護度ごとに決められていて、施設サービス費（介護保険の1〜3割。食費、居住費、水道光熱費など）、日常生活費などがかかります。

〈入居時に支払うお金〉

入居一時金　0〜100万円

〈毎月支払うお金〉

施設サービス費（1〜3割）＋居住費（家賃＋共益費）＋食費＋その他（オムツ代など）

＝約15万～20万円

入居一時金の価格には公的な決まりがないので、施設によって開きがあります。医師・看護師が常駐していないため、医療への依存度が高くなると退去しなければならない、といった場合もあるので、入所の際には確認しておきましょう。

認知症の親が与えた損害を補償する保険

認知症に備える保険といえば、認知症と診断されたときに一時金がもらえるもの、徘徊中のケガなどに対して給付金が支払われるものが一般的です。

一方、他人にケガをさせたり、物を壊したりして法的な賠償責任を負った場合などに補償される「個人賠償責任保険」もあります。例えば、水を止めるのを忘れて階下に漏れてしまった、自動車を運転中に事故を起こしてしまった、ヘルパーさんにケガを負わせてしまったなどの場合に保険金が支払われます。

また、近年、事故を起こした場合の賠償金を肩代わりする救済制度を導入している自治体が増えています。2017年に全国で初めて認知症の高齢者に対する「個人賠償責任保険サービス」を導入した神奈川県大和市の制度は、地域包括支援センターや警察などと連携した「はいかい高齢者等SOSネットワーク」に登録し、事故が発生して被害者から賠償金を請求された場合、自治体と契約した民間保険会社が審査し、保険金の支払いを行うという仕組みです。自己負担なしで認知症の個人賠償責任保険を導入している自治体は全国に広がっているので、住んでいる自治体を確認してみましょう。

〈個人賠償責任保険を導入している主な自治体と対象者〉
- 青森県むつ市……「むつ市認知症SOSネットワーク（おかえりネット）」の登録者
- 福島県田村市……「高齢者おかえり支援事業」の登録者
- 神奈川県大和市……「はいかい高齢者等SOSネットワーク」の登録者
- 東京都中野区……在宅で生活している65歳以上など
- 愛知県大府市……「おおぶ・あったか見守りネットワーク」登録者
- 愛知県刈谷市……「行方不明高齢者等SOSネットワーク事業」の登録者

- 福岡県久留米市……「久留米市高齢者あんしん登録制度」の登録者で、認知症高齢者の日常生活自立度2a以上など
- 佐賀県吉野ヶ里町……「吉野ヶ里町認知症高齢者等見守り台帳事業」に登録し、認知症高齢者の日常生活自立度2a以上など
- 大分県豊後大野市……「豊後大野市徘徊高齢者等SOSネットワーク事業」の登録者で、日常生活自立度2a以上など

第　3　章

認知症になった親の財産を守る

ケース　母80代、1人暮らし。娘50代、1人暮らし、別居

実家に1人で暮らす母から、「急遽、入院することになった」と連絡があり、あわてて帰省したC子さん。母は家の中で転んでしまい、自力で救急車を呼んだのはよいのですが、着の身着のままで運ばれてしまい、入院に必要なものは持参できませんでした。

病院の売店でC子さんが代わりに買い物をしようと、財布を受け取ったら小銭しかなく、キャッシュカードがありません。落ち着いてから救急車で運ばれたときの話を聞くと、「あわてていたのでお財布と保険証を持ち出すのが精いっぱいだった」「しょうがないじゃない」と言い訳ばかり。結局、C子さんが入院にかかった費用の全額を立て替えることになってしまいました。

後日、友人に母のグチをこぼすと、「お母さんが認知症になったら、銀行の口座が凍結されてお金が引き出せなくなるから、もっと大変になる」と言われ、C子さんは不安になってしまいました。

銀行から親のお金が引き出せない場合も

離れて暮らす親が認知症になり、判断能力が低下して「意思疎通ができない」と判断されると、銀行の預金は凍結されてしまうことが多いので注意が必要です。母に代わって娘が銀行から預金を引き出そうとしてもストップがかかり、生活費や介護などのお金は娘が肩代わりすることになってしまいます。「キャッシュカードの暗証番号を知っていれば、ひとまずお金の出し入れはできる」と思う人も多いのですが、本人から事前に了承を得ていなければなりません。

仮にまとまったお金を親に代わって子どもが銀行の窓口で引き出そうとした場合、親の同意が確認できないと、銀行の預金は凍結されてしまい、お金が引き出せなくなります。定期預金の解約をしたくてもできなくなるので、親が認知症になった場合はお金の管理に気をつけましょう。

1人暮らしの認知症の高齢者を支えるお金の管理には、いくつか方法があります。

社協の「日常生活自立支援事業」を活用する

市区町村にある社会福祉協議会（社協）の「日常生活自立支援事業」は、認知症、知的障害、精神障害など判断能力が十分でない人が、地域で安心して生活できるように支える制度です。本人と契約し、以下の援助内容①を中心に、必要に応じて②、③を生活支援員・専門員が担当します。

〈援助内容〉
①福祉サービス利用時の手続きなどを代行するサービス。1回1時間につき1000円。
②公共料金の支払い、生活費の引き出しなどを代行する金銭管理サービス。通帳は本人が保管する場合は1回1時間につき1000円。通帳（残高が50万円を超えないもの）を社協が預かる場合は1回1時間につき2500円。
③貯金通帳など大切な書類を預かるサービス。1カ月1000円。
※金額は市区町村の社会福祉協議会によって異なります。別料金で通帳や年金証書なども

預かってくれます。

このサービスを利用するためには、本人が社協と契約をする必要があります。認知症などの症状が進んで「本人との契約が難しい」と判断されると、後述の「成年後見制度」が利用できるように手助けしてくれるので安心です。

親の判断能力低下に対応する3つの制度

認知症など判断能力が低下したときに財産を守る代表的な制度は、「法定後見」「任意後見」という成年後見制度と、「家族信託」の3つです。

成年後見制度とは、認知症などによって、物事を判断する能力が十分でない人（以下、本人）について、本人の権利を守る援助者（「成年後見人」など）が、法律的に保護して支えるための制度です。

金融機関との各種取引、不動産の売却、福祉施設との契約などが必要になっても、本人の判断能力がなければ実行できません。判断能力が低下したときに4親等内の親族や市区町村

図表3-1　親の財産を守る３つの制度

	判断能力が低下する前		判断能力が低下した後
使える制度	家族信託	任意後見	法定後見
どうやって使うのか	信頼できる家族と契約	信頼できる家族または専門家と契約	家庭裁判所に申立て
いつから始まるのか	契約と同時に始まる	判断能力が低下したときから始まる	審判が確定したら始まる
権限の範囲	信託した財産の管理や処分	すべての財産と身上監護	すべての財産と身上監護
裁判所の関与	なし	あり	あり
報酬	書類作成をした専門家への報酬が必要	後見人、後見監督人への報酬が必要	後見人、後見監督人への報酬が必要な場合も

（出所）法務省ホームページなどを参考に著者作成

長からの申し立てにより家庭裁判所が後見人を選ぶ「法定後見」と、本人の判断能力があるうちにあらかじめ選んだ後見人と公正証書で契約をしておき、判断能力が低下したときに後見がスタートする「任意後見」があります。

いずれも、いったん後見人になったら簡単には止められませんので、スタートするときには家族で十分話し合ってから決めましょう。後見人は、病気になって療養が必要、転勤で遠隔地に赴任など「正当な事由」が家庭裁判所で認められない限り辞任することはできないので、引き受ける際にはメリット・デメリットを検証することが大切です。

一方、家族信託は、本人の判断能力が低下する前に、信頼できる家族に財産を託し、契約した内容どおりにその財産の管理や処分をしてもらう制度です。

これら3つの制度の活用を、親が元気なうちに検討しておきましょう。

認知症になる前に「任意後見」で備える

任意後見は本人に判断能力がある間に、将来、判断能力が不十分になったときに備えて、公正証書を作成して任意後見契約を結び、支援者（「任意後見人」）を選んでおくことができる制度です。将来の財産管理や身の回りのことについて、その人に何を支援してもらうのか、自分で決めておくことができます。自分の子どもや孫、交流のある姪や甥、親しくして信用のおける友人などに任意後見人になってもらえるので、「この人なら任せて安心」という人にお願いすることが大切になってきます。

本人から委託された任意後見人は、本人に対して行った内容について「任意監督後見人」に報告する義務があります。さらに、任意監督後見人は、任意後見人が適正に職務を行っているか監督する役割があり、家庭裁判所に定期的に報告を行います。

図表3-2　任意後見の手続きの流れ

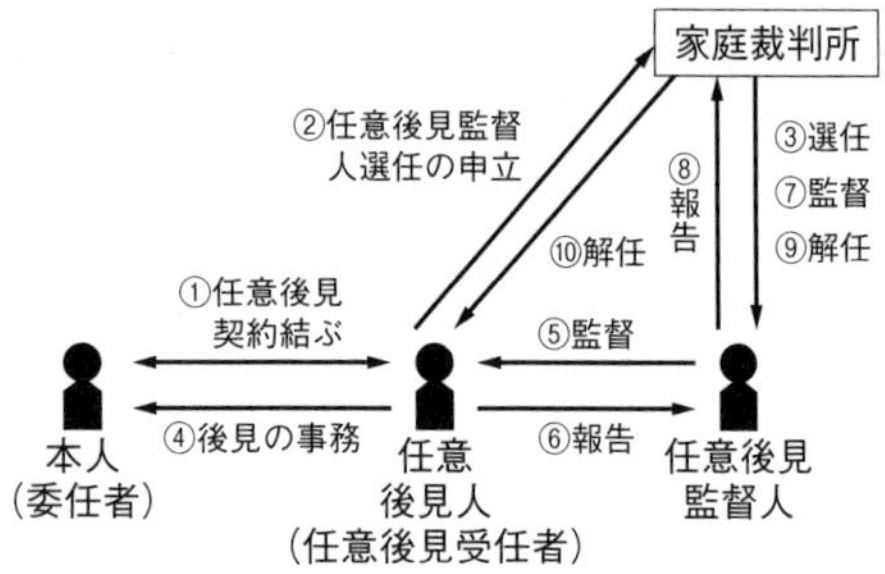

認知症になったら「法定後見」制度に頼る

法定後見制度は、本人の判断能力の低下の程度により、「後見」（判断能力がまったくない）、「保佐」（判断能力が著しく不十分）、「補助」（判断能力が不十分）の3つに分けられ、それぞれ手続きが異なっています。

後見

日常の買い物ができない状態で、判断能力がまったくない人が対象。申し立てができるのは、本人、配偶者、4親等以内の親族、検察官、市町村長などで、後見人には被後見人（本人）の財産管理や法律行為を代わりに行う「代理権」と「取消権」が与えられます。本人の自宅の処分に関しては家庭裁判所の許可が必要です。また、

図表3-3 法定後見の手続きの流れ

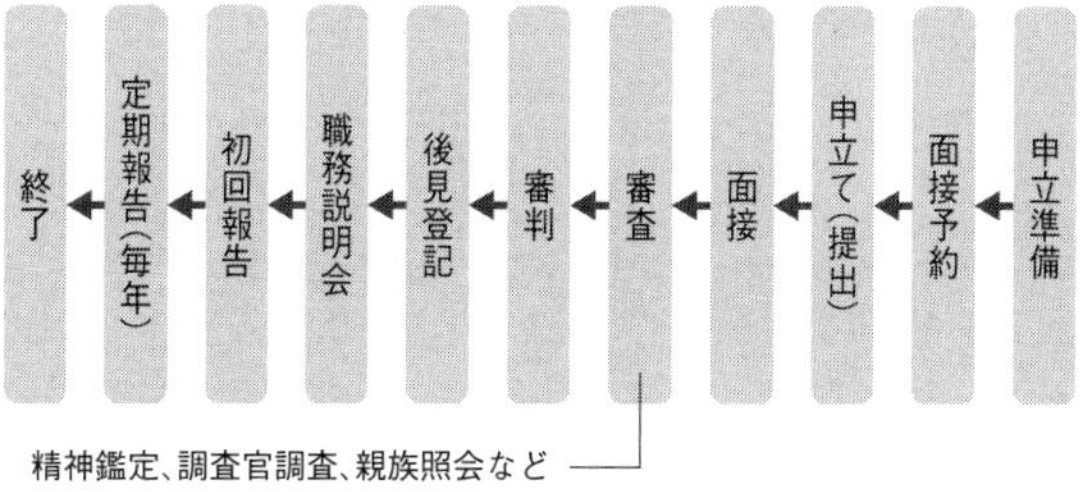

(出所) 裁判所

取消権で本人が行った法律行為を取り消すことができます。

保佐

日常的な買い物などは1人でできるけれど、例えば、不動産を売買するなどの重要な財産行為を行う際には誰かの支援があったほうがいい、という人が対象です。申し立ては本人、配偶者、4親等以内の親族、検察官、市町村長などが行います。保佐人には、被保佐人(本人)が行う「重要な財産に関する行為」について、同意権、取消権が与えられます。重要な財産に関する行為とは、例えば、借金、訴訟行為、相続の承認や放棄、家の新築や増改築(リフォーム)などで、これらの行為を行うためには保佐人の同意が必要になります。

補助

日常的な買い物などは1人でできるものの、家を新築するなどの重要な財産行為は、1人で行うことは不可能ではないが適切に行えない恐れがあり、他人の援助を受けたほうが安心、という人が対象です。申し立ては本人、配偶者、4親等以内の親族、検察官、市町村長などが行い、補助人選任は家庭裁判所の審判によって、被補助人（本人）が行います。借金、訴訟行為、相続の承認や放棄、新築や増改築など、法律で定められた行為の一部について同意権・取消権が与えられます。

「家族信託」で財産の行く先を生前に決める

財産の中で家族信託を使い管理したい財産を「信託財産」と言い、主に現金、不動産、未上場株式の3つが対象になります。財産を預けたい親が「委託者」になり、財産を預かり管理や処分をする子どもが「受託者」、財産から得られる利益を受け取れる親、またはほかの家族が「受益者」となり、委託者と受託者が書面を交わします。

成年後見制度と違って家庭裁判所に提出する書類が必要ないので、財産の管理がしやすいのが特徴です。家族信託契約書を作成してもらう専門家への報酬はかかりますが、後見がスタートしてから本人が亡くなるまで毎月、数万円かかる後見人また後見監督人への報酬が必要ない、といったメリットがあります。

手続きの手順は、①家族信託を利用するためには、資産がどれだけあって、何に使いたいのか目的を明らかにします。②相続に詳しい司法書士や行政書士などの専門家に相談します。どの程度費用がかかるのか、見積もりの確認も必要です。③依頼を受けた専門家は、信託内容を契約書に書きます。専用の口座「信託口口座」の開設が必要な場合は、専門家と受託者が一緒に金融機関に出向いて手続きし、後日、委託者と受託者が専門家とともに公証役場に行き、契約書を作成します。

認知症になっても自分や家族が安心して暮らせるように、さらに、死んだ後も自分の財産を自分の思い通りに親族に渡すことができるように、家族信託を選択する人が増えてきています。以下で、家族信託を活用するケースを具体的に見ていきます。

〈ケース1〉将来、自分が認知症になるかもしれない

夫に先立たれ、1人暮らしになる女性が多くなっています。「今は元気でも、少しずつ物忘れが増えてきて将来が心配」というD子さん（78）は家族信託を選択し、D子さんが委託者、娘が受託者、D子さんが受益者として設定しました。信託財産は今住んでいる自宅と現金1000万円という契約です。

仮に、D子さんが介護施設に入り実家が空き家になった場合、娘が自宅を売却して介護費用にあてるといった契約内容にすることもできます。また、D子さんが亡くなったとき、銀行の資産が凍結されて葬儀費用が引き出せずに困ることがないように、契約で葬儀費用などの支払いができるように決めておくことも可能です。

親から財産を委託された子どもは、何にいくら使ったのか記録することが義務づけられますが、家庭裁判所への報告義務はありません。不正使用がないように専門家や兄弟姉妹・親戚を監督人に指定してチェックする仕組みにしたり、親が子どもに月々の報酬を支払いたいと思えば、契約に盛り込んだりすることもできます。

法定後見、任意後見でも自宅の売却や老人ホームへの入居の手続きはできますが、家庭裁

判所や後見監督人の許可などが必要になってきます。「空き家になったら賃貸してほしい。賃貸物件を売ってほしい」などと本人が元気なときに言っていたとしても、実行は難しいものです。家族信託では行ってもらいたいことを事前に決めておけば、たとえ認知症になったとしてもその契約内容を実行することができるのです。

〈ケース2〉夫婦に資産はあっても、引き継ぐ子どもがいない

都内に住むE男さん（80）は、妻（78）と2人暮らしで子どもがいません。E男さん夫婦は先祖代々、受け継いできた土地で暮らしていました。E男さんが亡くなると、土地などの財産は妻が相続しますが、妻が亡くなった後、妻側の親族に相続されて、そちらに土地がわたってしまうのを避けたいと考えていました。そこで、妻の死後、E男さん側の甥、姪に相続してもらうため、妻に遺言書を作成してもらいましたが、それでは不十分という話を聞き、さらに不安になってしまいました。「妻が妻側の親族の意向によって、書き直しする可能性もある」というのです。

また、夫は、遺言書では、妻が死んだ後の財産の「2次相続」までは指示できないので、

それができる家族信託を利用することにしました。預貯金と自宅の土地・建物を信託財産にし、E男さんが委託者で第1受益者、甥を受託者、妻が第2受益者の契約書を公証役場で作成しました。E男さんが元気なうちは、毎月信託した財産から生活費を受け取り、亡くなった後は、妻がE男さんに代わって受け取ることができます。妻が亡くなった後に残った財産が、甥にわたるように指定することも可能です。

この場合、最終的に甥が手にした信託財産は、妻が亡くなったときに相続税がかかるので注意しましょう。また、自宅などの信託財産にした不動産は、受託者の名義に変更する必要があります。

手続きを司法書士へ依頼するため、報酬や登録免許税などの諸費用が必要になってきますが、2次相続の指示ができたのでE男さんは安心しました。

〈ケース3〉夫が認知症の妻に財産を残したい

F太さん（85）は、同い年の妻が軽い認知症のため老老介護をしていました。「自分が先に死んだら妻の面倒は長男一家にみてもらう」と、お盆で家族がそろったときに決めたのはいいのですが、すんなりいかない場合があることがわかったのです。

F太さんが亡くなった後、法定相続人は妻と長男ですが、妻が認知症だと遺産分割協議ができません。遺言書で妻に遺産が行くようにしても、妻の財産を管理してもらうため、後見人などが必要になってしまいます。それを避けるために、預貯金の半分と自宅を信託財産にあてて、F太さんが死んだ後も妻が生活できるようにしました。

今回は、F太さんが委託者で第1受益者、長男が受託者、妻を第2受益者にしました。契約書には、自分の死後、妻の認知症が悪化した場合、受託者である長男が自宅を売却してお金をプラスして介護施設に入居できるように指示し、さらに、妻が死んだ後の信託財産は長男にわたるようにしました。

このように、自分の死後の財産の行く先を事前に決定しておくことができる便利な制度ですが、気をつけたい点もあります。

成年後見制度のように、成年後見人や監督人に毎月支払うコストは発生しませんが、契約書を作成する専門家への手数料が意外とかかります。手数料の相場は信託する財産の1％と言われていますので、5000万円だったら50万円ということになりますが、もっと高額な手数料を請求する専門家もいます。

また、信託財産は相続財産ではなくなるため、信託財産と相続財産の割合や内容によっては、親族間トラブルにもつながりやすいのです。両方の対策を同時に考えてくれる相続に詳しい専門家を選ぶことが大切になってきます。

「死後のこと」を含めてどうしたいのか、法定相続人になる家族で話し合うと、後のトラブルを防ぐことができます。大事な財産と家族を守るために検討してみましょう。

親のお金が使える新サービス

認知症になると銀行口座から自由にお金が引き出せなくなる、と先に説明しましたが、金融機関では、認知症になってもお金の取引が自由にできる新サービスが続々と登場しています。

家族信託のニーズが高まっても、信託口口座を開設できる金融機関はまだ少なく、制度もよくわからないという人が多いのが現状です。いきなり専門家に頼むと相談料がかかってしまいますが、無料で初心者向けのセミナーを主催している金融機関や不動産会社などもあります。まず家族信託の勉強をして、「自分たちなら合っている」と感じたら次のステップに進み、これらのサービスを大いに活用する方法もあります。

オリックス銀行では、2018年9月から「家族信託サポートサービス」を開始しました。少人数での無料セミナーで相続や家族信託の基礎を解説した上で、家族構成や資産内容、相続の意向などの個別の相談に応じています。さらに、有料のコンサルティングで具体的なプランを提案し、提携する司法書士と家族信託契約を結びます。費用は通常コースで最低金額55万円（消費税込み）。さらに、司法書士への報酬などがかかります。

このほかにも、広島銀行、城南信用銀行、武蔵野銀行などが家族信託のコンサルティングを行っています。

認知症になって判断能力が落ちると、預貯金口座は原則、凍結されて、生活費や介護・医療費などのお金が下ろせなくなります。この不便さを解消しようと、2019年3月、三菱UFJ信託銀行が発売したのが「つかえて安心」というサービスです。認知症になった本人に代わって、代理人がスマートフォンにダウンロードした「専用アプリ」を使ってお金を下ろすことができるようにしました。

認知症になる前に銀行と信託契約を結び、現金の出し入れをする家族を代理人として選びます。代理人が、生活費など本人のために使った領収書をスマホで撮影して銀行に送信すると、毎月20万円まで払い出しを請求できます。その内容は、代理人以外の家族などに「専用アプリ」でも知らされるのが特徴です。異議がなければ請求から5日後に払い出す仕組みで、不正送金を防ぐことができます。

信託金額は２００万円から設定可能です。５０００万円以下の部分に対しては信託金額の1・65％（消費税込み）、５０００万円超の部分は信託金額の1・1％（同）の信託報酬が必要で、また、月々の管理手数料５２８円（いずれも消費税込み）がかかります。アプリを家族の間で共有するので、代理人が申請したお金やどのような介護をしているのかが明らかにできるのです。

さらに、同行では、将来、判断能力が低下した場合、「有料老人ホーム等施設の入居一時金」「1件あたり10万円以上の医療費」についてのみ払い出しができる解約制限付信託「みらいのまもり」を販売しています。かかった費用の請求書を代理人から同行に送ると、本人たちに代わって、同行が介護施設や自治体への振り込みを行ってくれるサービスです。

一方、みずほ信託銀行は、2019年9月に「認知症サポート信託」を発売しました。これは、本人が元気なうちに500万円以上を信託金額として預け入れ、3親等以内の親族、弁護士、司法書士の中から1人、代理人を選びます。そして、認知症と診断されたら、医師の診断書を提出するとサポートがスタートします。代理人が提出した医療・介護費、税金や社会保障費などの請求書や領収書に応じて、指定の口座に入金されるという仕組みです。

また、三井住友信託銀行が2019年6月に発売した「100年パスポート」は、認知症になったときの管理だけにとどまらず、将来の相続まで対応した信託商品です。毎月15日に指定の金額が信託財産から口座に振り込まれる年金形式のほか、代理人の請求により医療、介護、住居にかかった費用の分だけ口座に振り込んでもらうなど、受け取り方法が選べます。

いずれの商品も預け入れる信託金額が500万円以上などと高額で、中には、中途解約ができず、契約者本人が亡くなって相続が開始されたときに契約が終了するといった商品もあります。当面使う予定がない資金や余剰資金で申し込んだほうが良く、メリット・デメリットを十分確認しましょう。また、預け入れ金額によって、手数料や月額の管理手数料などコストがどれだけかかるのかもチェックが必要です。

第 4 章

高齢者施設に
入るべきか、
入らざるべきか

ケース 父70代。40代の息子夫婦共働き、孫2人と同居

G夫さん（48）は妻（44）と長女（13）、長男（5）、G夫さんの父親（79）の5人家族。夫婦は共働き、母ががんで他界してから父は昼間1人で過ごすようになりました。父は社交的で、友人たちとゴルフや趣味の麻雀に出かけてアクティブに過ごしていましたが、家事は一切やったことがないため、G夫さんと妻が帰宅して交代で食事の用意をしていました。仕事が立て込んで残業が続いたときは、長女が長男の世話をしたり、出前を取ったりしてなんとか切り抜けていましたが、どうにもならない出来事が起こってしまいました。

ある年の冬に、父が脳梗塞で倒れてしまったのです。幸い一命を取り留めましたが、利き腕の右半身が不自由になってしまい、食事や排泄も介助が必要になってしまいました。

リハビリ病院に転院してから自宅に戻るまで3カ月近くあったので、要介護認定を受け、退院後、自宅での介護がスタートしました。週に2回、デイサービスに行って入浴、リハビリを受けられるようなケアプランを組んでもらいました。しかし、居宅サー

ビスではG夫さんの仕事との両立が難しいため、当初は、介護休業や会社の福利厚生を利用して対応しようとしましたが限界に。子どもたちにもこれ以上頼ることはできないと思い、高齢者施設を探すことになりました。

高齢者施設の種類とかかる費用

元気なうちから探す施設と、介護が必要になってから探す施設は異なります。まず、介護が必要になってから入る施設の種類と必要な費用を知っておき、親の資産から入居できるのかどうか判断しましょう。

高齢者施設といってもたくさん種類があるので、すべての施設を知っておく必要はありません。要介護度が重くなって在宅介護に限界を感じたときに、選択肢となる施設の種類は限られてくるので、かかる費用と年金収入など資産の状況から、入居できるかどうか選択肢が狭まってきます。

特別養護老人ホーム（特養）

介護保険制度の施設サービスの1つ。常に介護が必要で、自宅では介護ができない人が対象。食事・入浴など日常生活の介護や健康管理が受けられます。認知症にも対応しており、入居者で看取りまで行ってくれるアットホームな取り組みを行う施設も出てきています。新規に申し込みができるのは、原則として要介護3以上。居室は従来型個室、多床室（相部屋）、ユニット型個室と3種類あり、料金は異なります。

費用の計算方法は次のようになります。

施設サービス費（自己負担1～3割）＋居住費＋食費＋日常生活費（理美容院代など）

東京23区内のある施設を例に計算してみると、要介護5の人がユニット型個室を1カ月（30日）利用した場合、14万2６０円です。内訳は施設サービス費2万９７６０円（1割負担９９2円×30日）、居住費５万９1００円（1９７０円×30日）、食費４万1４００円（1３８０円×30日）、日常生活費約1万円。これ以外にも看護、夜勤体制、栄養マネジメントなどの加算がつくことがあり、1万～2万円ぐらい多くかかることがあります。

G夫さんの父は要介護3で、介護保険の自己負担は2割。同じ施設で計算してみると、月額15万1260円で年金収入の範囲内で収まることがわかりました。しかし、問題なのは入居待ちが何年もかかること。2019年4月1日時点で全国に約29万人も待機者がいます。

入居の順番は、施設への申し込み順ではなく、各自治体が設けた「優先入居指針」によるポイントが高い人が先に入ります。介護する家族が遠方にいるケースなどでは点数が多く加算され、申込者の状況ごとに優先ポイントがつけられます。独居で要介護度が高いと順位は上位に来ますが、同居の家族がいて介護度が低いと順番はそう簡単には回ってきません。

そこで、特養への入居の順番が回ってくるまで、「老人保健施設（老健）」で過ごそうという人も増えています。

老人保健施設（老健）

介護保険制度の施設サービスの1つ。入院していた病院から退院を促されたのはいいが、自宅での生活が難しいという人が入居して、在宅復帰を目指すための施設です。病状が安定している要介護1～5の人が対象で、医学的な管理のもとで介護や看護、リハビリが受けられます。在宅復帰を目指すため、滞在できる期間は原則として3～6カ月ですが、中には長期間入居が可能な施設も少なくありません。
居室は特養と同じく従来型個室、多床室（相部屋）、ユニット型個室と3種類あり、料金は異なります。費用の計算方法は次のようになります。

施設サービス費（自己負担1～3割）＋居住費＋食費＋日常生活費（理美容院代など）

東京23区内のある施設を例に計算してみると、要介護5の人がユニット型個室を1カ月（30日）利用した場合、14万2810円になります。内訳は施設サービス費3万2310円（1割負担1077円×30日）、居住費5万9100円（1970円×30日）、食費4万1400円（1380円×30日）、日常生活費約1万円。ただし、実際に老健の利用料金を見てみると、これ以外にもリハビリや栄養マネジメントなどの加算がつくことがあり、2万～3万円ぐらい多くかかる場合があります。

G夫さんの父は16万8340円かかります。年金の範囲内で入居できることがわかり、さっそく近所の施設に資料をもらいに行くと、現在は満床で「いつ入居できるかわからない」と言われてしまいました。

介護付き有料老人ホーム

24時間体制で介護を受けられる民間の老人ホームで、「介護付き」「ケア付き」と名乗っていることが多いようです。各都道府県から介護保険の「特定施設入居者生活介護（特定施設）」の指定を受けていることが条件で、介護サービス計画に基づいて入浴・排泄・食事などの介護・そのほか日常生活と療養上の世話をしてくれます。

介護サービスは24時間体制で施設の介護スタッフが行うので安心です。「介護職員または看護職員を要介護者3人に対して1人以上配置する」「介護職員を24時間常駐させる」「看護職員を1人以上、日中常駐させる」「協力医療機関を定める」ことなどが義務づけられているので、探すときにはこれらの要件を満たしているか必ず確認をしましょう。

入居の条件は、入居時自立型、入居時に要介護、あるいは要支援・要介護の介護専用型、入居時に自立、要介護まで対象になる混合型などさまざまな種類がありますが、その施設が「特定施設」かどうかを確認することが大事です。

費用の一例は次のとおりです。

〈入居時に支払うお金〉

入居一時金　0～数千万円

〈毎月支払うお金〉

居住費（家賃＋管理費[*1]）＋食費＋介護サービス費[*2]＋日常生活費[*3]

＝およそ15万～50万円

＊1　共益費、人件費、事務費　＊2　介護保険の1～3割　＊3　理美容院代など

入居一時金とは「老人ホームで一生暮らす権利を得るために支払う前払い家賃（利用権方式の場合）」のことで、家賃をまとめて支払っているだけです。入居一時金として家賃をたくさん支払っておくと、入居中の家賃は少なくなります。

これに対して、入居一時金がかからない代わりに毎月の家賃がかかる「月払い方式」、両方を併用して家賃を支払う「併用方式」があります。

都心であるほど高額になりますが、地方では入居一時金が0円のところもあります。また、入居してから間もなく亡くなったり、長期入院したり、退去を余儀なくされたりしても、償還金制度があって、入居期間に合わせて少しずつ入居一時金が償却される考え方になっており、未償却部分は退去時に返してもらえます。

償却方法は施設によって異なりますので、それらの方法も必ず確認してから入居を検討しましょう。

サービス付き高齢者住宅（サ高住）

高齢者が安心して暮らせるように、「見守り」「生活相談」サービスの提供が義務付けられた、バリアフリーの賃貸住宅のこと。内容は住宅ごとに異なりますが、食事の提供や買い物代行、病院への送迎など生活支援サービスがオプションとしてついています。

サ高住のメリットは、プライバシーが守られマイペースで過ごせることです。個々人の住まいなので、前述の介護施設とは違い、起床時間や食事の時間をほかの入居者に合わせなくてもいいのです。ただし、介護保険の居宅サービスを利用するときは、自分で居宅支援介護事業所に連絡をして、ケアマネジャーを決めた上でケアプランを作成してもらわなければなりません。また、オプションの生活支援サービスは施設によって差があり、相場は1カ月5000～3万円です。使わなくても毎月かかるので、予算として入れておきましょう。

そして、重要なのは、施設によって認知症や要介護度が重くなると退去になるなど退去の要件が異なり、車イスの使用が不可のケースもあります。契約するときには将来、要介護度が重くなったときのことを想定する必要があります。

〈入居時に支払うお金〉

敷金　0～数百万円

〈毎月支払うお金〉

居住費（家賃＋水道光熱費＋共益費）＋食費＋生活支援サービス費
＝約15万～30万円

G夫さんの父は年金と貯金を取り崩したお金を足して、月額20万〜25万円程度のサ高住に入れることがわかりました。しかし、常時介護が必要なので、居宅支援介護事業所と契約してケアマネジャーにケアプランを作ってもらわなければなりません。訪問介護、通所介護、ショートステイなど、これまで自宅で受けていた居宅サービスと変わりはないことがわかりました。

ケアハウス（軽費老人ホーム）

「一般型」と「介護型（特定施設）」の2つのタイプがあり、一般型は個別に契約して介護保険の居宅サービスを利用します。介護型は特定施設の指定を受けており、施設に常駐している介護職員から24時間サービスが受けられます。

入居一時金は施設によってかからないところもあります。また、毎月かかるお金は所得に応じて事務費、家賃がかかるなど、施設によって料金形態が異なります。介護型は自治体に1カ所あるかないかというほど件数自体が少ないこともあり、空きが回ってこないといったことも考えられます。

〈入居時に支払うお金〉

入居一時金　0～数百万円

〈毎月支払うお金（介護型の場合）〉

施設サービス費（自己負担1～3割）＋居住費（家賃＋管理費）＋食費＋その他（事務費など）

＝約10万～30万円

グループホーム（認知症対応型共同生活介護）など

これらのほかにも、第2章で紹介したグループホーム（認知症対応型共同生活介護）や、分譲マンションの一種で大浴場やレクリエーションのエリアなどが充実しているシニアマンションなどがあります。

シニアマンションはアクティブシニアにはおすすめですが、介護が必要になったら、自分で契約した上で介護保険の居宅サービスを受けるか、介護付きの有料老人ホームに転居するか、選択することになります。高齢期の引っ越しは精神的にも肉体的にも大変なので、一度ですませるためにも、介護が必要になったときを視野に入れて住み替え先を考えるようにしましょう。

介護の費用を安くする制度

介護生活が長引くと、家計を圧迫します。毎月かかる介護費用を少しでも安くするために使える制度を知っておくとお金を節約できます。

高額介護（予防）サービス費

介護保険の居宅、施設などのサービスを利用した場合、自己負担は1～3割になります。この自己負担の合計額が所得に応じた限度額を超えたとき、市区町村の介護保険の窓口で申請すると、高額介護（予防）サービス費として払い戻されます。一度申請すると、次回からは高額介護（予防）サービス費が自動計算されるので手続きは不要です。

図表4－1のように1世帯あたりの上限額は、最大4万4400円ですが、2021年度

図表4-1　高額介護サービス費の改正

現状

収入要件	世帯の上限額
現役並み所得相当（年収約383万円以上）	44,400円 第2号被保険者を含む同一世帯の者のサービス自己負担額の合計
一般（1割負担者のみ世帯は年間上限あり）	44,400円
市町村民税世帯非課税等	24,600円
年金80万円以下等	15,000円

➡

改正後

収入要件	世帯の上限額
①年収1,160万円以上	140,100円
②年収約770万～約1160万円	93,000円
③年収約383万～約770万円	44,400円
一般	44,400円
市町村民税世帯非課税等	24,600円
年金80万円以下等	15,000円

※「改正後」の所得区分・上限額は、医療保険の「高額療養費制度」と同じ（厚生労働省の資料をもとに作成）

（出所）井戸美枝『2021年　図解　介護保険の改正　早わかりガイド』

から収入の区分が細分化され、上限額も変わります。

　有料老人ホームなどの入居一時金や居住費、食費、生活費など介護保険のサービスに含まれないもの、福祉用具の購入費や住宅改修費は自己負担の合計額に含まれないので注意しましょう。

高額医療・高額介護合算療養費制度

毎年8月1日から翌年7月31日までの12カ月間にかかった医療保険と介護保険の自己負担額の合計額が、所得に応じた限度額を超えた場合、申請すると払い戻されます。70歳未満と70歳以上、所得が210万円以下は負担限度額が異なります。

同じ世帯でも、家族それぞれ異なる公的医療保険に加入している場合は合算できませんので気をつけましょう。例えば、夫婦ともに75歳であれば、後期高齢者医療制度に加入しているため合算できますが、75歳未満と75歳以上では加入している医療制度が異なるので合算できません。申請するときには、加入している医療保険、介護保険の窓口に相談してみましょう。

介護保険施設での負担を軽くする制度

特養や老健、ケアハウスを利用している場合、所得に応じて利用者負担となっている食費・居住費の1日の費用が減額されます。ショートステイでの利用でも使えます。軽減を受けるためには介護保険課への申請が必要です。

図表4-2　高額医療・高額介護合算制度　世帯の負担限度額（年額）

基準総所得額	70歳以上	70歳未満
901万円超～	212万円	212万円
600万円超～901万円以下	141万円	141万円
210万円超～600万円以下	67万円	67万円
210万円以下（一般）	56万円	60万円
住民税非課税世帯	31万円（※）	34万円

基準総所得額：総所得金額等から住民税の基礎控除を差し引いた額
※年金収入80万円以下等の場合は19万円

（出所）井戸美枝『2021年　図解　介護保険の改正　早わかりガイド』

図表4－3の要件に該当する場合は、介護保険サービスの利用が困難とならないよう、「介護保険負担限度額認定証」の交付を受け、食費・居住費の負担軽減を受けることができます。

なお、負担軽減の有効期間は、毎年8月1日～翌年7月31日で、継続して認定を受けるためには毎年申請が必要です。また、有料老人ホーム、グループホーム、デイサービス、小規模多機能型居宅介護などの食費・居住費は軽減の対象外です。

確定申告の医療費控除

介護費用（自己負担分）も医療系のサービスは医療費控除の対象となり、確定申告をすると税金が戻ってきます。医療費控除の対象となる主な居宅

図表4-3　介護保険施設の限度額の例

利用者負担段階区分	対象者	食費	部屋の種類	居住費（滞在費）
第1段階	①生活保護を受給されている方 ②老齢福祉年金を受給されている方	300円	ユニット型個室	820円
			ユニット型個室的多床室	490円
			従来型個室（特養）	320円
			従来型個室（老健等）	490円
			多床室（相部屋）	0円
第2段階	本人の年金収入額(※1)と、その他の合計所得金額(※2)の合計額が、80万円以下の方	390円	ユニット型個室	820円
			ユニット型個室的多床室	490円
			従来型個室（特養）	420円
			従来型個室（老健等）	490円
			多床室（相部屋）	370円
第3段階	利用者負担段階区分が、第1段階・第2段階以外の方	650円	ユニット型個室	1,310円
			ユニット型個室的多床室	1,310円
			従来型個室（特養）	820円
			従来型個室（老健等）	1,310円
			多床室（相部屋）	370円

※1　「年金収入額」には、老齢年金などの課税年金だけではなく、非課税年金（障害年金・遺族年金・寡婦年金・かん夫年金・母子年金・準母子年金・遺児年金）も含みます。

※2　「その他の合計所得金額」とは、収入金額から必要経費などを控除した所得金額の合計額から、公的年金等に係る雑所得と、土地建物等の譲渡所得にかかる特別控除額を除いた金額のことです（基礎控除・配偶者控除などの所得控除前の金額となります）。

- 従来型個室のうち、「老健等」とは、介護老人保健施設・介護医療院・介護療養型施設のことです。
- 施設に入所した場合の利用者負担は、食費・居住費のほかに、介護保険サービス費の負担があります。また、施設によっては、日常生活費・特別な室料等がかかる場合があります。
- 特別養護老人ホームの旧措置入所者（平成12年３月31日以前から特別養護老人ホームに入所されている方）で負担軽減を受けている方のうち、平成17年９月末において介護サービス費の負担割合が５％以下の方には、従来の負担額を上回らないような措置が取られます。

（出所）神戸市ホームページ

サービスは、訪問看護、訪問リハビリテーション、居宅療養管理指導、通所リハビリテーション、短期入所療養介護（老健や介護療養型医療施設などでのショートステイ）で、これらのサービスと併用して利用した訪問介護（生活支援中心型を除く）、訪問入浴介護、通所介護、短期入所生活介護（特養などでのショートステイ）などは対象となります。対象となる居宅サービスは国税庁のホームページに掲載されていますので確認しましょう。

特養に入居した際、施設サービス費（食費・居住費を含む）の自己負担額の2分の1、老健と介護療養病床では全額が医療費控除の対象となります。また、医師が発行した「おむつ使用証明書」がある場合の「おむつ代」も医療費控除の対象となります。

高齢者施設　5つのチェックポイント

G夫さんは父と相談して介護付きの有料老人ホームを探すことにしました。スタッフが常駐しているので簡単な頼みごとや相談ができ、毎日、3度の食事の提供や安否確認をしてくれるので安心です。ただし、医療行為に対応していない施設もあるので、持病がある人はどの程度対応してもらえるのか必ず事前に確認しましょう。

いきなり施設を訪問するのではなく、入居を希望する施設のパンフレットなどを事前に取り寄せて、面談の予約を入れてからにしましょう。そこでの電話の対応も見極めるポイントになります。

また、見学のおすすめの時間帯はランチタイムです。食事の内容、介助の様子だけではなく、職員と入居者の会話の様子など、多くの情報を得ることができるでしょう。2～3日宿泊できるところもあります。実際に何日か過ごしてみると様子がわかります。

見学の際、入居する当事者のほかに保証人となる人にも同行してもらうと、後で手続きするときにスムーズにいきます。利用料の安さに目が行きがちですが、自治体への届け出はあるか、入居一時金にどう対応しているのか、医療機関との連携はどうなっているかなど、後でトラブルになりやすい項目はよく調べておきましょう。

〈施設選びのチェックポイント〉

①自治体への届け出の有無、経営状態

無届けで運営してその後、経営破綻したホームも少なくありません。最近は介護士不足から入居する人が減り、経営難に陥るケースもあるので、財務状況も確認しておきましょう。

②入居一時金の返還ルールがどうなっているか確認

施設の閉鎖や事業体が破綻した場合などでも、未償却部分の返還を保証する仕組みが「入居一時金の保全措置」です。入居一時金の未償却部分が返還されないとき、ホームに代わって銀行や損害保険会社などが500万円を上限として未償却の金額を支払う制度です。

2006年4月以降に設置された施設には一時金の保全措置が義務づけられていますが、中には設定してない施設もあり、トラブルが起きていました。2021年4月からは全施設が義務化の対象になります。

③重要事項説明書を入手してサービス内容、スタッフの定着率などを把握

これらの情報は「重要事項説明書」に書いてあります。また、認知症や要介護度が重くなって寝たきりの状態になった場合、看取りを含めて介護の対応力を確認しましょう。

④スタッフの対応、施設内の雰囲気

施設を見学したとき、疑問点や不安に思うことは確認してみましょう。そのときの対応や職員の話し方、入居者の様子を見ると、雰囲気などがつかめると思います。1日中、施設の中で過ごすので、居室などの生活空間が快適かどうかも大切ですが、食事の内容、行事、サークル活動、レクリエーションなどは、父や母本人が気に入るかどうかも重要なポイントです。見学の際、入居を急がせたりあいまいな説明をしたりするところは要注意です。

⑤入居、退去の条件

入居すると最期までいられると考えがちですが、実は退去することも考えられます。1つめは、経営母体が倒産したとき。2つめは、入居者の暴力行為などが常態化したとき。3つめは、入居者が病気やケガなどで長期入院したとき。3つめの場合は、入院など居室を空けた時期が3カ月以上続いたら退去する、といった「3カ月ルール」を設けている場合があります。例えば、居室内で転倒して骨折した人が入院した後リハビリ病院に転院、3カ月以上過ぎてしまったときに、施設側から「3カ月ルールに引っかかるので退去するように」求め

られたというケースも実際にあります。入居してから「知らなかった」ではすまされないのでよく確認しておきましょう。

各施設の記載事項をホームページで公表している自治体もあります。東京都は、15のチェック項目を記した適合表を施設ごとに公表していて、都の指針に沿わない項目には「不適合」のチェックが入っているのでとてもわかりやすくなっています。重要事項説明書に記されている「前年度1年間の職員の退職者数」や「職員の勤務経験年数」もホームページ上で確認できるので、自治体のホームページなども大いに活用しましょう。

（参考）東京都福祉保健局のホームページ
https://www.fukushihoken.metro.tokyo.lg.jp/smph/kourei/shisetu/yuuryou/jyuuyoujikou/index.html

予算の立て方と施設の選び方

G夫さんの父が80歳から90歳までの10年間、施設でお世話になると想定します。女性の場合はプラス5年して、95歳までの15年間で算出すると、入居できるかどうか判断の目安がつきます。

まずは資産の棚卸しを行いましょう。

預貯金＋株などの有価証券＋自宅を売却したお金

G夫さんの父の場合、預貯金が５０００万円あり、自宅はそのままG夫さんたちが住み続けるので売却はしません。

〈月々の収入〉

公的年金　18万円

G夫さんの父の年金収入は毎月18万円。このほかに収入はないので10年間で２１６０万円になります。つまり、預貯金と年金収入を合わせて７１６０万円あることがわかりました。

このうち、もしものときのための入院代や葬式代５００万円をとっておき、６６６０万円を施設費用にあてられると考えます。

（候補1）A施設：入居一時金 3000万円　月々支払うお金 30万円

自宅の近くにある施設で居住環境も快適。病院の隣にあるので安心できますが、費用が少々高いのがネック。10年間入居すると施設に支払うお金は合計で6600万円。予算ギリギリなのでいったん保留にしました。

（候補2）B施設：入居一時金 2000万円　月々支払うお金 25万円

首都圏ではありますが、郊外なので自宅からは少し遠い施設です。ここも提携先の病院が近くにあるので安心です。A施設に比べると施設内が少し簡素ですが、スタッフの対応が一番良いところでした。10年間入居すると、施設に支払うお金は合計5000万円で、予算内で入居が可能です。

（候補3）C施設：入居一時金 1000万円　月々支払うお金 20万円

自宅から2時間ぐらいかかる施設です。自然に囲まれた環境の良いところで父は気に入りましたが、G夫さんたち家族が通うのに不便なので意見が分かれました。施設内はゆったりした広さで快適。10年間入居すると、施設に支払うお金は合計3400万円で予算内での入居が可能です。

A施設は快適な居住環境でしたが、G夫さんの父は少しでも入居の費用は抑えて現金を家族に残しておきたいという希望を持っていました。また、年齢を重ねるにつれて入退院を繰り返すようになると、子どもたちが病院に頻繁に駆けつける必要が生じます。遠方の施設から病院への度々の入退院サポートは、仕事を抱えるG夫さんたち夫婦にとっては時間的にも経済的にも苦しくなると想定し、B施設を中心に入居の検討を重ねることになりました。

介護付き有料老人ホームは支払うお金も大きいので、当事者である父、母の気持ちに寄り添いながら、家族で答えを出すようにしましょう。

第 5 章

自宅での介護は
どこまで可能か

ケース 母80代、1人暮らし。娘夫婦50代共働き、子ども2人、近居

H子さん（53）の母（80）の様子が最近おかしいと、近所に住む母の友人から道端で呼び止められたのはつい先日のこと。H子さんは隣の自治体に住んでいて、共働き。子どもたちが幼い頃はしょっちゅう実家に預けていましたが、長女（24）が社会人となり、次女（19）は大学生活が忙しくなると、盆暮れぐらいしか顔を見せなくなってしまいました。

父が十数年前に他界してから母はずっと1人暮らし。近所の友達とサークル活動にも活発に参加していたのですっかり元気だと思い込んでいましたが、「何度も同じ物を買っているようだ」と母の友人から聞かされたときには頭が真っ白になりました。しかも、母のかばんの中には、健康食品などテレビショッピングで購入した請求書が入っていました。居間には未使用の健康食品や健康グッズなどの箱が積み上がっていて、母に問い詰めると「これから必要なのよ」の一点張りです。

まずは、介護サービスを使うため、要介護認定を申請することからスタートしました。会社の有給休暇を使いながらなんとか要介護認定を申請し、介護サービスを使える

ように事が進んだまではよかったのですが、今度は「デイサービスに行きたくない」と言い出してしまいました。母の要介護度は要支援Ⅰと軽度で、それほど認知症が進んでいるわけでもないので、高齢者施設に入るほどでもなく、できるだけ家族が見守りを続けなければなりません。

H子さんは会社の理解もあり休み休み介護を続けていますが、介護の状態がいつまで続くかわからず、自分自身も更年期の症状が出て生活に支障をきたす状態です。「もう自分が会社を辞めて、面倒をみるしかないのか」と自分を追い詰めています。

在宅医療を行えるかかりつけ医と連携する

第2章でも解説したように、認知症は早期発見、早期治療をすれば、安定した生活を送ることが可能です。持病を抱えている高齢者は、定期的な通院が不可欠です。一刻も早く医師の診察を受けたいと思いますが、通院の付き添いが必要になってきたり、親が1人で病院に行くのが困難になってきたりすると、家族の負担が増えます。

往診や訪問診療を行っているクリニックであれば、家族がその場にいなくても突然の体調不良のときなどでも安心できます。最近は病院での入院期間が短くなり、がんの終末期や病状が不安定な状態でも自宅に帰すことが多くなっています。今後、住み慣れた家で療養を選ぶケースが主流になることもあり、往診や訪問診療を行うクリニックの先生に主治医になってもらうことが大切です。

自宅に医師や看護師に来てもらう在宅医療には、①突発的な病気やケガに見舞われたとき、医師が自宅を訪問して治療を施す「往診」と、②1週間に1、2回など定期的に訪問して診察を行う「訪問診療」、さらには、③看護師が訪問してケアをする「訪問看護」があります。これらを利用する際には、医療保険と介護保険のどちらかを選択することになります。かかりつけ医か、もしくは、すでに介護保険の居宅サービスを利用しているのであればケアマネジャーに相談してみましょう。

〈訪問看護で主にできること〉

- 身体の清拭、入浴、食事・排泄の介助など療養上のケア

- かかりつけ医の指示に基づいた医療処置
- 体温・血圧など体調面のチェック
- 床ずれの予防や処置
- 在宅でのリハビリテーション
- 認知症のケア
- 栄養バランスの良い食事が取れているか、適度な運動のアドバイス
- 末期がんなどの在宅での終末期医療

訪問看護では、医療的な措置のほかに、家族への介護支援の相談にも乗ってくれます。末期がんのため在宅療養中で自宅での看取りを希望している人は、介護保険のサービスをほとんど使わないで、訪問診療、訪問看護を利用しているケースもあります。病気や状態によってやり方はさまざまですが、常に医師の見守りの範囲内にいると思うと家族は安心できます。

介護保険外でも使えるサービスは多い

介護保険で受けられるサービスには、要介護度によって上限額があります。「毎日デイサービスに通いたい」「ヘルパーさんに来てほしい」と思っていても、要介護度が低いと願いはかないません。離れて暮らす親が元気であれば何の不安もありませんが、持病や認知症になっていると、「万が一、自宅で倒れていたら」と心配になってきます。独居の親の在宅介護を続けるためには、上限を超えた介護保険のサービスを受けることもケアマネジャーに相談してみましょう。

あわせて、介護保険外のサービスや地域の資源を徹底的に探してみましょう。自治体独自のサービスは助成があるので比較的安く使えます。利用するには、自宅近くの地域包括支援センター、または自治体の高齢者を支援する部署に連絡します。

〈実費でも役立つ自治体のサービス〉

● 配食サービス……自治体と契約した事業者が昼食、夕食などのお弁当を自宅に届けて安否確認を行います。1人暮らしで外出が困難な人、家族も含めて食事の準備が難しい人などが利用できます。利用限度は自治体により、1食の費用は事業者によって異なります。500円前後というところが多いようです。

●見守り型緊急通報システムの設置……自宅に火災感知器やガス漏れ感知器、生活リズムセンサーを設置します。具合が悪いときなどはボタンを押すだけで警備会社の警備員と話ができ、利用者に変わって119番通報した上で、警備員が自宅に駆けつけてくれるオプションもあります。また、トイレのドアなどにつけたセンサーがドアの開閉を24時間以上感知しなかったときは利用者の安否を確認してくれるなど、見守ってくれます。月額利用料は収入によって異なり、住民税非課税の人では700〜800円程度、課税世帯は1700〜1800円前後で利用できます。

●シルバー人材センターのボランティア……樹木の剪定、除草、ふすまや障子の張り替えなど1回あたりの利用料を支払うと、自宅で作業をしてくれます。

このほかにも、要介護度が3以上などの人向けに理容師、美容師が自宅に訪問して髪をカットをしてくれるサービスや、在宅の1人暮らしの人向けに月に一度、寝具の乾燥、消毒をしてくれるサービス、ゴミ出しをしてくれるサービスなどがあります。さらに、自治体によっては、介護保険のサービスを利用していない人向けに家事支援を行うサービスもあります。

このほか、地域のボランティアやＮＰＯが、お弁当の販売や居場所を提供するサロンを開いていることもあるので、時間を見つけて一緒に参加してみることをおすすめします。地域の情報が入ることに加え、ご近所に知り合いができると、「そういえば、いつも来ているのに何かあったのかしら？」と気づかってもらえるきっかけになります。

実家に帰ったときは、両隣の家にあいさつをして、何かあったときに通報してもらうなどをお願いしておくことも大切です。その際は菓子折りなどを持参していくと、話が進みやすくなるでしょう。

また、地域の民生委員にも見守りをお願いしておくとさらに安心です。自治体によっては、「高齢者見守り相談事業」を実施しているところもあります。地域包括支援センターなどに相談すると、自治体の職員などが定期的に訪問してくれて、日常生活の困りごとを解決し、支援につなげてくれます。

お金があれば民間の家事支援サービスを使うこともできますが、1回利用するには1時間3000円で2時間以上など高くつくことがほとんどです。できるだけ自治体の安価なサービスを使い、地域のコミュニティーを頼るようにしましょう。

遠距離介護の切り抜け方

H子さんの母のように、認知症の症状が出始めた1人暮らしの人は、介護保険の居宅サービスを使いたいと思っても、要介護度が軽度のため週に何度も使えないといったことが予想されます。生活を支えるために、ケアマネジャー、地域包括支援センター、民生委員、ご近所さんを含めて、1人でも多くの人から支援を遠慮なく受けましょう。居室で倒れたとき、詐欺電話がかかってきたときなど困ったことが起きても、身近に相談できる人がいると、親も、離れて暮らす子どもも安心できます。そして、1つでも多くの自治体のサービスを利用しましょう。

H子さんが真っ先に行ったのは、今でも台所に立ちたいという母がちょっとしたことで火事を起こさないために、台所のガスコンロをＩＨ調理器に交換したことです。「夕飯は必ずおみそ汁が飲みたい」「なるべく自分で料理がしたい」という母の願いを聞き入れて、安全な方法を考えたのです。毎日の生活をどう送るのかをある程度、決めておくために、朝はパンと牛乳、コンビニやスーパーで売っているカットサラダで簡単にすませて、昼は自治体のお弁当の配食サービスを注文しました。これで週2回、デイサービスに通わない日は見守りをしてもらえます。

また、近所の友達と週に2度、公民館の健康体操に出かけ、その帰りにスーパーに立ち寄って家まで送ってもらうようにしました。そうやってデイサービスに通わない日でも家に閉じこもらないようにしました。

さらに、Ｈ子さんは実家に帰ったときに、民生委員、母の友達に自分の携帯電話の番号を伝え、「何かあったときは連絡してください」とお願いしました。

最初は慣れない生活に戸惑っていた母も、1週間、1日のルーティンが決まったことで落ち着いてきました。かかりつけ医への通院はＨ子さんが同行し、緊急のときは往診で対応してもらえるようにしたので、Ｈ子さんたちの生活も少しずつ平穏を取り戻していったのです。

新幹線や飛行機を使って実家に帰省している人も同様に、ケアマネジャーや地域包括支援センターの相談員、近所の人たちの見守り支援を受けましょう。認知症が進んでお金の管理ができなくなっても、社会福祉協議会の「日常生活自立支援制度」や「任意後見制度」などが使えるように道筋をつけてもらえるので、福祉のセーフティーネットの網に入っておくことが大事です。

また、遠距離介護の交通費負担が厳しいという人は、鉄道や航空会社の「交通費割引」を探してみましょう。日本航空（ＪＡＬ）、全日本空輸（ＡＮＡ）などでは、「介護帰省割引」という割引運賃を設定しています。利用期間の限定はなく予約変更もできます。割引率は普通片道運賃の3～4割と早期割引の運賃に比べると小さいのですが、入院などで緊急に実家に帰省しなければならないときは便利です。また、早めに日程を組める場合であれば早期割引（早割）、65歳以上が使えるシニア割、ＬＣＣ（格安航空会社）と使い分ける方法もあります。

（例）ＡＮＡで東京の自宅から福岡の実家に帰省する場合
２０２０年12月23日（金）の例
普通片道運賃（フレックス）　４万２２００円
介護割引　２万８８００円
早割スーパーバリュー28　１万３０００円〜２万１３００円
早割スーパーバリュー21　１万８３００円〜２万１３００円

ＪＲには介護割引がないので、片道２割、往復３割引になる「ジパング倶楽部」に加入している人もいます。男性は65歳以上、女性は60歳以上が加入の条件です。また、鉄道会社、航空会社の株式を購入し、株主優待割引を使うと半額で利用できます。介護は長期戦になるので、少しでも交通費を安くしてためらわずに帰省できる環境を整えましょう。

コロナ禍、災害、悪徳商法にどう対応するか

離れて暮らす親を狙った悪徳商法や詐欺を心配する人も多いと思います。預金通帳などで

不自然な出金の形跡はないか、帰省したときに確認しておくことが大事です。高齢者のトラブルの特徴として、「本人が被害にあっていることに気がつかない」、あるいは「被害にあったと気がついていても恥ずかしくて誰にも相談できなかった」ということが考えられます。ケアマネジャーや地域包括支援センターの相談員、ご近所の人たちなどに事情を話した上で、見守りの協力をお願いしておくとよいでしょう。

相談先としては、悪徳商法などは「消費者ホットライン」電話番号188、「振り込め詐欺警察相談窓口」＃9110があります。これらの電話番号を固定電話の前に貼っておき、「電話がかかってきたらすぐに対応しないで、いったん電話を切って相談窓口に聞いてみて」と伝えておきましょう。

また、購入から日にちがたっていたとしても、契約時の説明が十分ではない、被害者が認知症である、といった場合には契約が無効になります。泣き寝入りしないでとにかく相談することです。また、被害にあわないためにも、相手に「この電話は録音されます」とアナウンスが流れる電話機に交換する方法もあります。

もう1つ、家族が対策を考えなければならないのは、災害です。親が住む地域で地震や大雨による洪水が起きたらどうするのか。ふだんから避難所の場所や行き方を確認し、避難所まで誘導してくれる人を決めて、事前に連絡を取っておくと安心できます。また、防災グッズは何を用意したらいいのか、実家に帰ったときに親と話し合っておきましょう。

そして、新型コロナウイルスの感染拡大で、「集団感染を防ぐ」という理由でデイサービスの事業所が自主的に休み、自宅で長期間過ごすことを余儀なくされる人が増えています。いつも利用していた事業所が、感染の疑いがある利用者が出た関係でしばらく休業したため、ほかの施設でショートステイを利用しようと思った高齢者が、「感染者が出た疑いがあるデイサービスを利用していた人は濃厚接触者の可能性がある」と断られてしまったケースがあったそうです。

２０２０年3月、東京都医師会が公表した「新型コロナウイルス感染症に対する東京都医師会・東京都多職種連携連絡会の取り組みについて―新型コロナウイルスに係る緊急調査結果を中心に―」には切実な介護者の声が寄せられています。

●報道機関、ＳＮＳなど外部から届く膨大な情報の中で、どれが正確な情報であるか判断がつかないため、心理的に不安定になっている。
- ふだんなら風邪症状として理解しているせき・発熱などの体調不良への過度の心配、不安、恐怖が募る。
- 過度の感染恐怖から、ふだん通っているデイケア、デイサービスなどの通所系サービスを休んでしまい、食事も入浴も満足にできず、日常生活が成り立たなくなってきている。
- 通所系サービスが休んでしまうため、同居家族は出勤もできず、要介護高齢者につきっきりとなる。登校停止中の子どもの面倒をみつつ、親の介護も、とダブルケアになっている。

対応策としては、ケアマネジャーやかかりつけ医など専門職が適切な情報を提供し、心理的ケアも行うようにとアドバイスしています。帰省するのをストップされている状況でも、電話などで声をかけてみましょう。親が不安に思うことを電話などで子どもが聞き出し、専門職に伝えて対処してもらうことで難局を乗り切るしかありません。

また、認知症の人と家族の会は、ホームページに難局を乗り切るためのメッセージを掲載しています。国際アルツハイマー病協会が作ったものをわかりやすく日本語に訳したもので、介護者（子ども）には、ビデオ電話などで親しい人と連絡し合うことや定期的な運動などをすすめ、予定外の昼寝や長時間睡眠は避けるよううながしています。当事者（親）には「できるだけ日課を続ける」「手洗いを忘れないように貼り紙をする」などと呼びかけています。

同会は2020年3月、厚生労働省に対し、①介護者が感染した場合、濃厚接触者とされた当事者が1人取り残されることなく、安全に介護を受けられる体制整備、②当事者が入院した場合、一律に面会を禁止せず、個別事情に配慮してほしい、③1つの介護事業所で感染が確認されても、同地域の事業所を一律に休業しないでほしい、などと求める緊急要請書を提出しました。本人も家族も不安やストレスを抱える状態が長引いています。1人で抱え込まないで誰かに話すことで、気分が晴れたり、工夫できたりします。

同会が運営する地域の「介護者のつどい」は状況に応じて中止している日もありますが、電話相談は続けていますので、介護者の会などに電話をしてみると心が晴れるかもしれません。

「認知症の人と家族の会」

電話0120（294）456

携帯電話からは050（5358）6578（平日午前10時～午後3時受付）

自宅での最期を希望したときの3つの対策

親が終末期にさしかかったときに、子どもたち家族は「どこで看取るのか」、考えなければなりません。本人から「自宅で死にたい」と告げられたらどんな準備が必要になるのか、ケアマネジャーやかかりつけ医などふだんからケアをしてもらっている専門家たちに相談してみましょう。

全日本病院協会の「終末医療ガイドライン」には、あらかじめ本人に確認しておきたい延命治療、「終末期医療における意思表明（リヴィング・ウィル）」の書き方が明記されています。

1. 輸液／点滴
2. 中心静脈栄養／食事がとれなくなった患者に、心臓近くの太い静脈に直接、カテーテルを入れ、そこから栄養剤を補給する。
3. 経管栄養（胃ろうを含む）／食事がとれなくなった患者の胃や腸に直接カテーテルで栄養剤を入れる。
4. 昇圧剤の投与／急激な低血圧に対して血圧を上げる薬剤を投与する。
5. （心配停止時の）蘇生術／心臓マッサージ、気管挿入や高濃度酸素・薬剤の使用などを行う。
6. 人工呼吸器／人工呼吸を行うための医療機器を使用する。
7. そのほか／血液透析やペースメーカーなどを使う。

これらの医療行為について、「希望する」「希望しない」「わからない」の3つから希望することを選んだ上でサインをします。いつでも変更でき、撤回、変更は書面で、時間的な猶予がない場合は口頭で行います。

①ケアプランを見直す

ケアマネジャーにケアプランの見直しを相談し、「訪問看護」が利用できないか相談してみましょう。例えば、がんの末期の場合は、痛みのコントロールのターミナルケア、介護をしている家族にアドバイスや精神的なケア、看取りのサポートをしてくれます。あるいは、ヘルパーによる訪問を1日のうち何度も受けられる「定期巡回・随時対応型訪問介護看護」（第6章参照）を利用するのも選択肢の1つです。

親の体調を考慮してベストなプランに変えてもらいましょう。その際、毎月の介護の費用はどのくらいかかるのか、といった金銭的なことも押さえておくと安心できます。

②在宅での「かかりつけ医」を探す

通院していた病院などから、在宅でのかかりつけ医を紹介してもらい、緊急時や夜間の対応方法などを聞いておきましょう。看取りの時期に入ると、回復を期待する治療や延命措置は行わないことが多いそうです。最期はどんな様子になるのか聞いておき、そのときに備えます。また、かかりつけ医には、死亡の確認やお葬式、火葬に必要な死亡診断書などの書類を記載してもらいます。

③キーパーソンは誰か決めておく

終末期の対応をめぐって、家族の間で意見が分かれてしまうことがあります。①と②で専門家と相談するときは、家族の窓口「キーパーソン」になる人が必要になってきます。判断を迫られることがあっても、キーパーソンが1人で背負わないで、「家族で一度話し合います」と一呼吸置くと冷静に判断ができます。なるべく家族で話し合い、意見を合わせておきましょう。

在宅での医療費は、診療費のほかに、24時間対応のための「在宅総合診療料」などがかかりますが、入院費がかからないため医療費は安くなります。また、第1章で解説したように、健康保険が適用される自己負担が一定額以上になると、高額療養費制度で払い戻しが受

図表5-1　「人生の最終段階における医療の決定プロセスに関するガイドライン」方針決定の流れ（イメージ図）

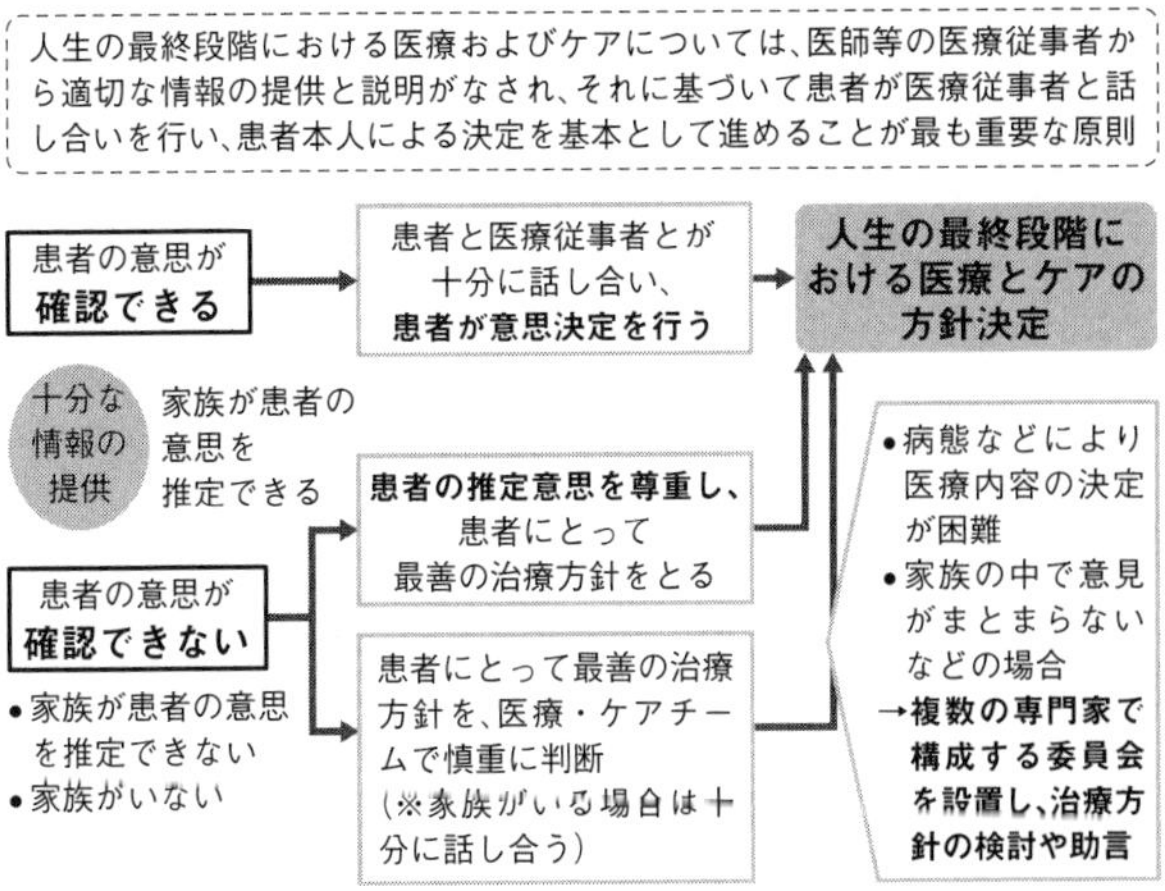

（出所）厚生労働省「看取り　参考資料　意見交換資料２　参考１　29.3.22」

けられます。

在宅医療では、認知症からがんまでほとんどの病気に対応してくれます。がんで入院して苦しんでいた人が、住み慣れた家に戻っただけで痛みがやわらいだという話もあります。病院での医療が「治療」ならば、在宅での医療は緩和による「ケア」が中心です。体や心の痛みをやわらげ、残された時間を快適に過ごすことが目的と言われています。

また、認知症の人は、末期になると徘徊などの症状が落ち着いて、寝ている時間が長くなるケースがあります。どんな病気でも看取りが近くなると、体力が衰え、食事をとらなくなり、寝ている時間が増えていきます。経過をみながら、看取りはあとどれくらいなのか、医師が現状を教えてくれます。看取りまで1～2週間から1カ月というのが一般的で、その間つきっきりで介護をするわけではないので、心の準備、葬儀の準備もできるでしょう。

1人在宅死を可能にする方法

夫に先立たれてからある地方都市の一軒家で暮らすI子さん（90）は、骨折の後遺症で左足が不自由です。高血圧や心臓の持病もあり、横になって過ごす日も多くなってきました。約3年前、1人暮らしを心配した東京に住む長女（67）夫婦がI子さんを呼び寄せて同居した時期もありましたが、「やっぱり家に帰りたい」と何度も訴えて故郷に戻ってしまいました。長女は、「方言で話せる友人もいなくて慣れない生活をさせ、かえって心の病などになってしまったら申し訳ない」と無理に引き止めなかったそうです。

実家に帰ってからは、I子さんの生活が成り立つように近所の居宅介護事業所と契約を交わし、ケアマネジャーに、訪問介護を利用して週に2度デイサービスに、入浴やリハビリなどを受けるためにに通うケアプランを立ててもらいました。さらに、かかりつけ医、訪問看護師、薬剤師らの訪問を受けて生活することになりました。訪問看護師からは「体調がおかしいと思ったらいつでも電話してください」と、24時間対応する電話番号が書かれた紙を受け取り、それを固定電話の前に貼りました。また、意識がない状態で近所の人などに見つかった場合、在宅医らに連絡をしてもらえるように、連絡先を書いた紙を筒に入れて冷蔵庫に保管しているそうです。そのことがわかるように、玄関にも「冷蔵庫に在宅医の緊急連絡先が入っています」と貼り紙をしておきました。

看護師が定期的に訪問し、血圧や体温、受け答えの仕方などふだんの状態を知っているため、持病の悪化を防いだり、突然倒れることを避けたりもできます。体調に異変があったら24時間対応の医師や看護師に連絡が行くので、家族も安心してまかせられます。また、体調が悪化したときなどは、すぐに東京に住む長女に連絡が入るようにしてもらっています。

人によっては終末期まで数年を要することもあります。介護のゴール＝看取りを本人も家族も納得して行うと、後で残された家族が後悔をしないですみます。どんな看取りをしたいのか、家族で時間があるときにじっくりと話し合っておくことをおすすめします。

第　6　章

便利な居宅介護サービスを使い倒す

ケース　母80代、娘50代独身、同居

独身のJ子さん（53）は母（84）と2人暮らし。母は大腿骨骨折で長期入院してから、すっかり足腰が弱くなり要介護2。週3回、月・水・金とデイサービス（通所介護）に通い、火・木は自宅で過ごしています。3度の食事の用意のほかにも、トイレの介助をしなければならないときが増え、困っていました。

火曜日と木曜日にヘルパーに来てもらい、家事支援を中心にサポートしてもらいたかったのですが、「同居の家族がいる」という理由でホームヘルプ（訪問介護）を組み入れるケアプランは作成してもらえませんでした。

ケアマネジャーに相談してもらちが明かないと思ったJ子さんは、地域包括支援センターに相談に乗ってもらうことにしました。そこで担当者から提案されたのは、「小規模多機能型居宅介護」の利用でした。耳慣れない言葉でしたが、デイサービスを中心に、ホームヘルプ、ショートステイが使えます。しかも、利用料はいくらサービスを使っても一定額なので、金銭的にも楽になるということでした。さっそく有給休暇を取得して、相談員からすすめられた施設に見学に行くことにしました。

「小規模多機能型居宅介護」のメリット

「小規模多機能型居宅介護（小規模多機能）」とは、介護保険制度の地域密着型のサービスで2006年度からスタートしました。デイサービスを中心に状況や要望に応じて、ショートステイとホームヘルプを組み合わせたケアプランを立てることができます。利用できるのは要介護1～5、要支援1・2の人です。利用料は定額制で、仮に週5日デイサービスに通うケアプランを立てたとしても介護保険の自己負担1～3割で利用できます。

〈J子さんの母（1割負担）の1カ月料金の目安〉
合計　5万6836円
（内訳）
基本料金　要介護2　1万6836円

図表6-1　小規模多機能型居宅介護の1カ月あたり自己負担の目安

要介護区分	自己負担（1割）
要支援1	3,778円
要支援2	7,634円
要介護1	1万1,456円
要介護2	1万6,836円
要介護3	2万4,489円
要介護4	2万7,029円
要介護5	2万9,803円

（注）東京都江戸川区の場合。料金は自治体によって異なる

食事代　３万円
（内訳／昼食代７００円、夕食代８００円、20日間利用）
このほかの加算　約１万円（総合マネジメント体制強化加算、サービス提供体制強化加算など。介護保険外の日用品費、娯楽費などもかかる）

ショートステイを利用するときには、部屋代が１日２０００～５０００円、別途かかります。食費、宿泊費、おむつ代などは自費です。施設によって料金は異なりますので、料金表などで事前に確認しておきましょう。

利用するときには施設に直接申し込み、施設のケアマネジャーにケアプランを作成してもらいます。これまで居宅サービスを使っていた居宅介護支援事業所との契約は打ち切る必要があります。長年お世話になったケアマネジャーに不義理をするようで、最初、J子さんは悩みましたが、小規模多機能は定員が30人程度と少人数で、地域に多くあるわけではなく、「空きがない」と聞きました。見学に行った施設では偶然にも1枠空きがあったので、これから先、仕事と介護の両立を続けるためにも「今しかない」と母を説得し、小規模多機能の施設と契約することにしました。

平日は午前7時30分にJ子さんが出勤してからすぐに施設の迎えの車が来て、母は施設に向かいます。施設では、昼食の準備から調理、後片づけまでみなで行うので、J子さんの母はほかの高齢者に代わってたくさんの役割を担い、いきいきと生活することができ、施設に通うのが楽しみになってきました。

レクリエーションはありますが、ぞうきんを縫ったり、洗濯物をたたんだり、職員の作業をできる限り手伝うようにしているので、自宅に帰ってから「やることがない」と嘆くことはすっかりなくなりました。

J子さんが仕事から戻る19時少し前に母も自宅に帰るようにすることで、母が1人で過ごす時間がなくなりました。夕食は施設ですませてくるので、帰宅後に支度をする手間が省けます。また、出張でJ子さんが家を空けるときはショートステ

図表6-2　看護小規模多機能型居宅介護の1カ月あたり基本料金

要介護区分	自己負担（1割）
要介護1	1万2,401円
要介護2	1万7,352円
要介護3	2万4,392円
要介護4	2万7,665円
要介護5	3万1,293円

（注）独立行政法人福祉医療機構「WAM NET」。料金は自治体によって異なる

イを利用したり、母が発熱したときはホームヘルプに切り替えたりできるので、介護中心から仕事中心の生活に戻ることができました。

その施設は賃貸住宅も併設しているので、先に賃貸住宅に引っ越してから施設の空きを待って利用をスタートさせた、という人もいました。がんの末期や病状が不安定な人向けに訪問看護ステーションなどを併設し、訪問看護のサービスが受けられる「看護小規模多機能型居宅介護」（複合型）もあります。利用できるのは要介護1以上からになります。

自治体で運営している施設があるかどうか、自治体のホームページや小冊子などでチェックしてみましょう。

「定期巡回・随時対応型訪問介護看護」で在宅介護を楽に

K男さん（66）は「定期巡回・随時対応型訪問介護看護」という介護サービスを使い、同じ敷地内に住む父（享年85）を3年前に看取り、母（89）を介護しています。2人とも「最期まで自宅で過ごしたい」と願い続け、ケアマネジャーと相談して利用を決めたそうです。

定期巡回・随時対応型訪問介護看護は、介護が必要になっても住み慣れた家で生活ができるように2012年4月からスタートしました。訪問介護（ホームヘルプ）、訪問看護、24時間連絡体制で在宅生活を支えてくれます。利用できるのは要介護1～5の人です。K男さんの母は80代になってから認知症の症状が出始めて要介護2と認定され、長いこと父と妻（65）が母の面倒を交代でみていました。しかし、母と妻はあまり仲が良くないこともあり、身体の介助などで体を触れようとすると母が怒るので、主に父が介護をしています。夜間は父と母の2人きりになるので、母が夜、トイレに起きるときは父が付き添っています。

その父が心臓疾患を患って入院してしまいました。介護認定を受けると要介護1。父が病院から自宅に戻っても母の面倒をみることはできず、そうかといって母はまだグループホームなどの施設に入るほど認知症の症状が進んでいるわけでもありません。当初、妻が両親の世話をしていましたが、介護疲れでK男さんにやつあたりするようになり、口論が絶えなくなりました。

K男さんは定年延長して働き続けるつもりです。これ以上、両親の面倒を妻1人でみるのは大変だと思ったK男さんは、ケアマネジャーに相談して、2人が同時に訪問介護を受けられるように定期巡回・随時対応型訪問介護看護を利用することにしたのです。

定期巡回・随時対応型訪問介護看護の内容は次のとおりです。

①定期巡回サービス（定期的な訪問介護サービス）

- 計画にもとづいて1日複数回の訪問介護サービス（1回につき15分程度）を行います。
- 心身の状況により、必要に応じてサービスを提供する時間帯などを柔軟に対応します。
- 安否確認や見守り、健康チェックのみの訪問も可能です。

②随時対応サービス（24時間連絡受付業務）

利用者や家族からの連絡を受けると、コールセンターにつながり、看護師、ヘルパー、ケアマネジャーなどが対応します。

③随時訪問サービス（緊急時や必要時における訪問介護サービス）

オペレーターからの要請を受け、随時対応サービスの判断にもとづいてヘルパーが訪問し、入浴、排泄、食事などの日常生活上の世話を行います。

④訪問看護サービス（定期的な訪問看護サービス）

- 医師の指示にもとづき、訪問看護サービスを実施します。
- 随時対応サービスで緊急性が高いと判断された場合、必要に応じて看護師の訪問を実施します。
- 訪問介護のみ利用する場合でも、看護師による定期的なアセスメントを行います。

利用料金は要介護度別の包括料金で、訪問介護、訪問看護、夜間対応の併用はできませんが、デイサービスを利用することは可能です。そこで、ケアマネジャーと相談し、月・水・木は定期巡回随時対応型訪問介護看護を利用、火・金は朝食の後デイサービスで入浴、リハビリテーションなどを受けて夕方前に帰宅、土・日は夫婦の仕事が休みなので、基本的に夫婦が介護を行うケアプランを立てました。

〈K男さんのある1日〉

6時30分　起床。母屋で両親、妻と4人で朝ごはんを食べる。

妻は両親の分の食事を作り置き、洗濯をすませる。
7時30分　K男さん出社。
9時　ヘルパーが来てトイレ介助、体温・血圧測定、服薬管理のチェックなどを行う（父15分間、母15分間、合計30分）。
10時　妻パートに出かける。
12時　ヘルパーが来て昼食の介助、服薬管理、トイレ介助などを行う（同）。
16時　妻帰宅。
18時　ヘルパーが来て夕食の介助、服薬管理、トイレ介助などを行う（同）。
19時30分　両親が就寝。
20時　K男さん帰宅、妻と夕食。
24時　就寝。
1時　ヘルパーが来てトイレ介助などを行う（同）。
※火・金は昼のホームヘルプはなし。父が他界してからはヘルパーの介助の時間は15分。

図表6-3 定期巡回・随時対応型訪問介護看護の1カ月あたりの基本料金（訪問看護を受けない場合）

要介護区分	自己負担（1割）
要介護1	5,680円
要介護2	1万138円
要介護3	1万6,833円
要介護4	2万1,293円
要介護5	2万5,752円

（注）料金は自治体によって異なる
（出所）独立行政法人福祉医療機構「WAM NET」

図表6-4 定期巡回・随時対応型訪問介護看護の1カ月あたりの基本料金（訪問看護を受ける場合）

要介護区分	自己負担（1割）
要介護1	8,287円
要介護2	1万2,946円
要介護3	1万9,762円
要介護4	2万4,361円
要介護5	2万9,512円

（注）料金は自治体によって異なる
（出所）独立行政法人福祉医療機構「WAM NET」

〈K男さん両親の1カ月の介護費用（両親が利用したとき）〉
合計　3万9749円
（内訳）
父　要介護1（定期巡回・随時対応型訪問介護看護）9425円
デイサービス　7150円（週2回、月10回）
母　要介護2（同）1万4724円
デイサービス　8450円（週2回、月10回）

具合が悪くなったときや室内で転倒したときは「随時対応サービス」で、貸与されたケアコールの端末機とペンダント型のブザーで介護事業所のオペレーターと会話ができます。24時間いつでも対応してくれるので安心できます。

父は体調が悪化して病院で亡くなりましたが、その間、母の面倒はヘルパーたちがみてくれたので、K男さん夫婦は父をゆっくり看取ることができました。母は少しずつ認知症が進んでいますが、このまま穏やかに過ごしたいと考えているそうです。

ショートステイの上手な使い方と注意点

在宅介護を続けていると、一時的に介護が難しくなる場合があります。例えば、介護者が急な出張で1週間、家を空けなければならない、泊まりのシフト勤務が隔週で必ずある、親戚や親しい友人の冠婚葬祭に出席するために泊まりがけで出かける、介護疲れで少しリフレッシュするために旅行する、などです。そんなときは、「ショートステイ」を使います。ショートステイ（短期入所生活介護、短期入所療養介護）が受けられる施設は3パターンあります。もちろん要支援の人も使えます。

①短期入所生活介護（介護予防短期入所生活介護）を受ける

特別養護老人ホーム、特定施設の認可を得ている有料老人ホーム、ショートステイ専門施設で、食事や入浴などの生活援助、レクリエーションや介護スタッフによるリハビリなどが受けられます。

②短期入所療養介護（介護予防短期療養介護）を受ける

介護老人保健施設（老健）、介護療養型医療施設で、生活援助のほかに看護師や理学療法士、作業療法士などによる機能訓練といった医療サービスが受けられます。

例えば、要介護2の人が2週間ショートステイで生活をするケースでは、親が2週間ショートステイで生活している間、介護者の子どもは出張や残業などをこなし、親が自宅で過ごす期間は仕事を調整して定時に帰宅する、というようなことが可能です。仕事と介護の両立がしやすいサービスの1つです。

利用するにはケアマネジャーにケアプランを作成してもらい、2泊3日などの体験入所を経て、正式に利用の契約をします。料金は、介護保険の自己負担額1〜3割に加えて食事代などがかかります。

ただし、利用できる日数は介護認定期間の半数まで、連続利用は30日までとなっています。急な用事でショートステイを使いたいのに施設に空きがない場合は、実費で介護保険適用外のショートステイのサービスを使う方法もあります。

図表6-5　介護保険の１割負担で利用できる日数の上限（１カ月間）

要支援１	7日
要支援２	12日
要介護１	18日
要介護２	20日
要介護３	26日
要介護４	27日
要介護５	30日

（出所）神戸福生会

③介護保険適用外のショートステイのサービスを使う

有料老人ホームなどで介護保険適用外のショートステイサービスを行っている施設もありますので、情報を集めてみましょう。ただし、最近問題になっているのが「お泊まりデイ」です。介護保険法に基づいたデイサービスにプラスして、その利用者を対象に夜間に介護保険適用外の宿泊サービスを提供する事業形態です。宿泊費が１泊１０００円前後と安価で、デイサービスを利用した延長で宿泊できる簡便さがありましたが、「男女が同じフロアで雑魚寝する」「介護スタッフによる虐待があった」などのトラブルが続出し、社会問題となりました。

２０１５年、国のガイドラインができましたが、法的拘束力がないため、現在の利用環境はそのまま、という事業者も少なくありません。どうしても利用を検討しなければならない場合には、ケアマネジャーと相談した上で、サービス内容、介護スタッフが信頼できるかといったことを確認しましょう。

〈「お泊まりデイ」のチェックポイント〉

□都道府県もしくは市区町村に届け出ているか
□個室以外の宿泊室は1室あたり4名以下となっているか
□宿泊室の床面積は、1名あたり4畳半（7・43㎡）以上として、プライバシーが確保されているか
□男女別々の部屋が用意されているか
□利用する人は事業所の利用定員の2分の1、かつ9人以下であるか

□常時1人以上の介護職員または看護職員を配置して、その中から責任者を定めているか
□緊急時や短期的な利用に限ること。おおむね4日以上連続する場合には、具体的なサービス内容を記載した「宿泊サービス計画」を作成しているか
□スプリンクラー設備を設置しているか

介護の「困った」を解消するツール

在宅介護でよく聞く困ったことは、デイサービスやホームヘルプサービスなど介護保険のサービスは利用回数に限度があり、「もっと使いたい」と思っても使えない点です。そんなときは民間のサービスが便利です。

看護師の有償ボランティア「キャンナス」を利用する

持病を持っている人や医療面が不安な人向け。訪問看護師を中心としているため、医療器具の着け外しや夜間の見守り、外出時の介助など、障害や医療ニーズに対応したサポートを頼めるメリットがあります。利用料金は条件によって異なりますが、1時間1000円～

2000円程度です。

全国訪問ボランティアナースの会　キャンナス https://nurse.jp/

IoT見守りサービスを利用する

見守りサービスは第5章で紹介したように、自治体が安価で提供している見守り型緊急通報システムの設置のほかにも、IoT（モノのインターネット）と呼ばれる技術を活用した見守り機器が販売されています。

L子さん（46）は認知症の母（77）を自宅で介護しています。父はすでに亡くなり、2人暮らし。母は要介護1なので、介護保険のサービスで週3回、デイサービスに通い、他の日はほとんど自宅で過ごしています。

会社に出かけた後、1時間程度、デイサービスの送迎車が来るまで1人で過ごす時間があり、その間、何度も1人で外出して行方不明になったことがありました。そのときは、幸いデイサービスのスタッフやケアマネジャーが連携して母を探してくれましたが、そうそう迷惑はかけられません。L子さんの出社時刻を遅らせるわけにもいかず途方に暮れていたとき、「スマホを使った便利なものがある」と友人から教えてもらいました。玄関と居間に置く見守りカメラです。これを設置して、母にGPS機能付きのスマホを持つようにしてもらいました。

例えば、朝にデイサービスの車が迎えに来る前や、夕方にデイサービスから家に帰ってきたとき、2~3時間程度、L子さんが不在で母が1人で過ごす時間がどうしても生じてしまいます。そのとき、1人で外に出かけてしまったとしても、玄関に設置したカメラが検知して、L子さんのスマホに通知が来るという仕組みです。もちろん、スマホのアプリから室内の様子を確認することもできます。

別途、無線LAN回線を用意する必要はありますが、機器本体に月々のランニングコストはかかりません。このように、スマホを使って見守りができる機器はいくつかあります。

●見守りカメラ

専用アプリを入れてパスワードを入力するなどするだけで、手軽にカメラの映像をスマホで見られる見守りカメラがあります。ペットや赤ちゃんの見守り向けに販売されていますが、もちろん高齢者にも応用できます。カメラは1万円以内で購入できるものもあります。

●見守りタグ

GPS機能がついた携帯や端末があっても、持たずに手ぶらで出かけてしまうことがあります。そんなとき、スマホアプリと連携して人の位置を把握できる見守りタグを親の靴などにくくりつけておけば、行方不明になったとしても居場所を探すことができます。

ある商品では次のような機能があります。スマホとタグが30メートル以内の近くにあるときには、スマホアプリのブザーボタンを押すことで、タグのブザーを鳴らして探すことができます。アプリからタグまでのおおよその距離も確認できるので、近づいているか離れているかを確認しながら探すことが可能です。

タグとの距離が一定距離以上離れてしまった場合には、最後に離れてしまった位置情報を自動記録します。その後、タグが移動してしまった場合にも、他のタグのアプリを利用しているユーザーや、タグが設置している定点の受信機とすれ違うことで、位置情報を追いかけることができます。

・スマートリモコン

家にいる親が電気やテレビなどのリモコンの操作ができないとき、外にいる娘や息子が自分のスマホアプリからスマートリモコンを操作すると、家のテレビや照明、ＤＶＤなどがつけられます。

これらのほかにも、ある電力会社では、起床、洗濯や調理などの生活リズムの変化を電気使用量から推定し、ズレや一定割合以上の増減があった場合、家族のスマホなどに無料で知らせてくれます。冷蔵庫の開閉履歴を知らせるサービスもあります。また、宅配サービスを利用すると、週1回の配達時に在宅かどうかなどの情報を家族にメールで知らせるサービスを無料で提供するところもあります。

介護の期間はわからないので、毎月かかるコストはなるべく抑えたいところです。介護向けの機器ではなくても応用できますので、使えそうなものを探してみましょう。

誰かに相談したいときに行く場所

地域包括支援センター以外に、健康や介護について気軽に相談できる地域のよろず相談所があります。介護する家族も参加でき、仲間作りの場にもなります。1人で悩まないで、訪ねてみましょう。

地域にある「保健室」

訪問看護師や在宅ケアの専門職に、医療や介護、健康、暮らしの困りごとを誰でも予約なしに相談できます。地域によって運営団体や内容は変わりますが、相談ごとだけではなく、体操教室や食事会など地域の人と交流を楽しむ場所になっているところもあります。常設のものは全国で50カ所ぐらいあります。地域包括支援センターなどで、自宅の近くにあるかどうか聞いてみましょう。

認知症カフェ、ケアラーカフェ

認知症の本人、介護家族、ケアの専門職、認知症に関心のある住民たちが集い、悩みを共有したり、情報交換したりできる場所です。認知症に対する正しい知識を身につけ、地域での取り組みや制度を知る良い機会になります。全国に7000カ所ほどあります。場所は、自治体のホームページや高齢者福祉の窓口、地域包括支援センターなどで聞いてみましょう。

家族が疲れ果ててしまわないように

介護保険だけでは介護のすべてをカバーすることはできませんが、要介護者を支える家族が疲れきってしまっては、介護の継続が危うくなります。長く安定した介護を続けるためには、家族の力や時間を100%使いきらないような工夫も必要です。

介護は、直接手を動かして行うものばかりではなく、介護に関する事務手続きやケアマネジャーなど介護事業者との話し合い、家族間の調整といった間接的な作業も含まれます。家族が同居して介護の全般を担うことができれば理想的でしょうが、現実はそうはいきません。家族しかできないことを優先して行い、サービス事業者にまかせられることはまかせて、できるだけ自治体のサービスや便利な有料サービスを利用し、介護を無理なく続けられるようにしましょう。

家族の負担についてはあまり注目されないこともありますが、ケアマネジャーとよく相談し、家族自身の生活を大切にするケアプランを作成してもらいましょう。例えば、ホームヘルプサービス（訪問介護）の家事支援は、同居の家族がいると原則サービスの対象になりませんが、介護を担う家族が病気でどうしてもケアができない、という場合はケアプランに組み入れてもらうこともできます。

また、介護する家族が娘や息子の場合、たいていはフルタイムで勤めに出ているケースが多いと思います。長時間、自宅を留守にしているとき、介護する娘や息子の分の食事は作ってもらえませんが、親の食事は作ってもらえますので、家族で全部やろうとしないことです。場合によっては、親の分の洗濯もしてもらえます。

ケアマネジャーとケアプランについて相談する機会があれば、そのときに「今、困っていること」を具体的に相談してみましょう。介護保険のサービスが使えなくても、安い有料の保険外サービスが最近はたくさんあるので、あきらめないことです。「インターネットでこういう情報があったのですが、ここの地域では利用できますか」と相談すると、いろいろと調べてもらえます。ケアマネジャーと良い関係を築いておくと、良い介護が続けられます。

ケアマネジャーや事業所は変更できる

派遣されるヘルパーと親がうまくいかない、相性が良くない、といった場合はケアマネジャーに相談しましょう。その際、具体的にどんなトラブルがあったのか報告すると、対処してくれます。

介護を行うためには、要介護者である親に代わってケアマネジャーと意思疎通を図る必要があります。どうしても信頼関係を築くのが難しいと感じた場合は、ケアマネジャーを変更することができます。担当のケアマネジャーに不満があるときは、ケアマネジャーが所属する居宅介護支援事業所に連絡をして、「別のケアマネに変えてほしい」と相談してみましょう。事業所ごと変更したいのであれば、地域包括支援センターに連絡し、「医療面に配慮してケアプランを立ててくれる事業所に変えたい」などと困っていることを具体的に相談すると、看護師資格を持つケアマネジャーがいる事業所を教えてくれたりします。

ケアプランに自費サービスなど過剰なサービスが計上されている、親が行きたいデイサービスやショートステイがあって相談しても難癖をつけて紹介してくれない、連絡がつきにくい、といったことからケアマネジャーを替えたケースもあります。ふだんから親の生活を見守ることが大切です。

第　7　章

親の介護は
親のお金でまかなう

ケース　両親70代、息子30代独身、同居

M男さん（38）は1人っ子のおひとりさま。70代前半の両親と3人暮らしです。両親は自宅兼店舗で自営業を営んでいますが、そろそろ年齢的にも店じまいをしたいと思っていて、3人で今後の話をするようになりました。

M男さんは会社員なので、今までと変わらない日常を過ごせると思っていたのですが、店じまいをした後、両親の収入が少なくなることに気づき、愕然《がくぜん》としてしまいました。年金収入が2人合わせて10万円程度しかなかったのです。

両親は働いて得た収入を生活費にあててきましたが、これからはM男さんがある程度、養わなければなりません。就職してから少しは家にお金を入れていますが、両親を養うほどM男さんの月給は多くありません。今はまだ両親が健在だから安心ですが、どちらかが介護が必要になった場合、自分にどんな未来が待っているのか希望が持てず、結婚を考えるどころではなくなってしまいました。

介護に使える親の資産をチェックしよう

親が元気なうちは「まだ介護は必要ないだろう」と思い、無計画にお金を使ってしまいがちです。介護にかかるお金を計算する前に、親たちの資産を洗い出してもらいましょう。突然、お金の話を持ち出すと、「不謹慎だ」などと思われがちですが、病気で入院した際、親のキャッシュカードの暗証番号などを聞いておかなかったために、入院時にかかる一時金を子どもが立て替えた、というケースをよく聞きます。

何の対策もしないまま親（名義人）が亡くなった場合、家族が電話などで金融機関に名義人が死亡して相続が発生したことを伝える必要がありますが、即、口座は凍結されて家族であっても勝手に引き出すことができなくなります。また、口座や金融商品を解約するとき、相続人全員の承諾が必要になるので、手続きに時間がかかります。

さらに、残高がいくらあるのか把握するため金融機関に「残高証明の開示」や照会請求を行うと、金融機関が定める所定の手数料がかかります。休眠している銀行口座やほったらかしにしている株式などの金融商品があったら、元気なうちに解約して現金化し、１つの口座に集約してもらいましょう。

ノートを1冊用意して、口座番号、残高のほかに、キャッシュカードの暗証番号などを書いておくようにすると、そのまま「エンディングノート」として使えます。銀行の通帳や保険証書、有価証券などは、ノートと一緒に1つにまとめておきましょう。以下で、詳しく財産を管理する方法を説明します。

通帳を集約して全財産を見える化

複数金融機関に口座を開設していたら、できれば年金が振り込まれる金融機関の口座1本に絞って、ほかの口座は解約してもらいましょう。親本人も口座の存在を忘れてしまっていることが多いので、通帳が隠れていそうなところ、具体的には、たんす、鏡台の引き出し、仏壇の引き出しなどを入念に探してもらいましょう。

〈本人が銀行に出向くときに必要なもの〉

通帳　届出印　キャッシュカード　顔写真付き身分証明書（銀行によって異なる）など

無理な投資をしていたら即解約

証券口座などに株式などを保有していないか、確認しておきましょう。大まかに資産状況を把握する、という目的以外に、親が不適切な投資をしていないかチェックするためです。元気なときに投資判断ができた人でも、認知機能が衰えてからの取引では問題が生じていることもあります。株式は早めに解約して、現金化しておいたほうが無難です。ネット証券の口座の場合は、ＩＤ・パスワードを確認して、解約手続きをしてもらいましょう。

〈本人が証券会社に出向くときに必要なもの〉

証券　届出印　顔写真付き身分証明書（証券会社によって異なる）など

加入している保険を確認

親が加入している保険について、親子で情報を共有していると安心できます。亡くなったときに保険金が支払われる生命保険、入院したときや手術を受けたときに入院給付金・手術給付金などが受けられる医療保険、がん保険などさまざまな保険がありますが、いずれも保険会社に請求しなければ保険金・給付金は受け取れません。親（本人）が保険に入っていることを忘れていたり、身近な人が保険の存在を知らなかったりすれば、請求漏れをする可能性があります。

〈保険会社で保険金を請求するときに必要なもの〉
保険証書　届出印　身分証明書（保険会社によって異なる）など

使っていないクレジットカードは解約しておく

先のM男さんは、母親から「通帳から1万円引き落とされているのだけど何のお金かわからない」と相談を受けました。通帳を見ると、クレジットカード会社の名前が書かれています。それはクレジットカードの年会費で、しかも、ゴールドカードでした。

よく買い物に行くスーパーマーケットで、「ポイントがたくさんつくから」などと店員のセールストークに乗せられて、クレジットカードを作っていたのです。買い物の際にポイントがついたり、優待セールで買い物ができたりするといった特典が魅力的でした。

年会費については、初年度は無料でしたが、2年目からは有料だったのです。カード会社によって規定があり、一定額以上カードを使わないと年会費が有料というケースもあります。カードを作っても、年会費の払い損になることがあるのです。

高齢者はキャッシング機能を悪用されて詐欺にあうリスクもあるので、クレジットカードは年会費無料のもの、使う頻度が高いものだけを残し、後は解約したほうが安心です。

M男さんは家の中からかき集めた通帳をノートなどに書きとめて、両親の金融財産がいくらあるのか把握しました。自宅は持ち家です。商売を整理しても借金はなく、貯金が3000万円程度あることがわかりました。それと同時に、両親がリタイア後にやりたいことを書き出して、できるかどうか話し合いました。

両親は廃業してから、自宅兼店舗を建て替えて、M男さんが結婚した後も同居ができるように2世帯住宅にしたいと思っていました。しかし、貯金が足りないので、店舗の部分を居間にするなどのリフォームにとどめることにしました。

〈親の資産のチェックリスト〉
□預貯金額（金融機関名、キャッシュカードの有無）
□月々の年金額
□株式などの金融商品
□持ち家などの不動産
□ローンや負債額
□民間医療保険や生命保険

年金込みで1カ月の収入がいくらになるのか

貯金があるからといって安心してはいけません。現役時代と同じ生活スタイルを送り続けていたため、退職金や貯金はたくさんあっても、取り崩すペースが速すぎて「介護が必要なときにお金がなかった」ということも少なくありません。

M男さんの両親は夫婦で働いてきたとはいえ、年金収入は2人で10万円程度しかありませんでした。年金収入の不足分を働いてカバーしてきたのですが、リタイアした後はどのような生活になるのでしょうか。一家の収入がどれだけ減るのか、それに対して、固定費、食費などはどれだけかかるのか、1カ月の収入と支出を計算してみましょう。

〈M男さん両親の1カ月の支出〉

収入 老齢基礎年金10万円（夫婦で）、M男さんから3万円 合計13万円

支出 23万円

食費 6万円
水道光熱費（電気、ガス、水道） 5万円
通信費（固定電話、FAX、スマホ代） 4万円
ドラッグストアでの買い物代 2万円
被服費 2万円
自動車ローン代 2万円
医療保険代（2人で） 1万円
そのほか 1万円

収支を洗い出すとなんと月々10万円も赤字が出ていたことがわかりました。持ち家なので家賃、駐車場代はかかりませんが、固定資産税が年間5万～6万円、自動車税が同5万円、さらには隔年で車検代がかかります。1年で赤字は130万円ぐらいになることがわかりました。

10年で支出は1200万円になり、リフォームや旅行代などを貯金から差し引くと、両親が80代半ばで介護が必要になりそうなころに貯金が底をつく計算になりました。そこで、年金生活に入る前に、1カ月の支出を改めて見直すことにしました。

生活費を見直して減らす

2019年の総務省「家計調査」によると、高齢無職世帯のうち高齢夫婦無職世帯（夫65歳以上、妻60歳以上の夫婦のみ無職世帯）は、実収入は23万7659円、税金や社会保険料を差し引いた金額の可処分所得は、20万6678円です。これに対して、消費支出は23万9947円で、3万3269円の赤字となっています。

定年を迎えて家計に余裕がなくなったからといって、急に家計を切り詰めるのは難しいものです。現役のうちに支出を見直して、ムダだなと思ったものはカットしておきましょう。

支出カットのポイントは、すべての項目を「一律10％カット」とするといった無理はせず、満足度の低い支出から削る方法がおすすめです。満足度が高い支出をカットしてしまうと、反動が出てかえってムダづかいをしてしまいがちです。

1カ月どこで何を買ったのか、レシートやクレジットカードの明細をためておいて、項目に○、△、×をつけてみましょう。買わなくてもよかったものは「×」、ムダではなかったものは「○」、中間が「△」です。

これを3～6カ月続けると、自分の習慣がわかり、改善点が明確になります。以下、主な支出項目を種類別にあげていきます。

固定費で見直せる項目……自動車関連費、通信費、保険料

〈自動車関連費〉

公共交通機関が身近にある都市部であれば、毎日車を使わなくても生活は成り立ちます。

車を手放して、カーシェアリングサービスやレンタカーを使うことを検討してみましょう。車両代、駐車場代、ガソリン代などの維持費、自動車保険、車検代、毎年かかる自動車税といった経費が必要なくなれば、かなりのコストカットができます。

ただし、大都市圏でも郊外や地方では、公共交通機関に頼れず、病院やスーパーに通うのに車がないと不便という人もいます。「新車がほしい」と思う気持ちはあるでしょうが、軽自動車や中古車への切り換えを検討するようにして、車関連の出費をできる限り軽減しましょう。

〈通信費〉

子どもの分も含めて1人1台の所有が必須になったスマホ。「4人家族、スマホ代は4万円」といった家庭も多かったと思います。子どもたちが独立すれば、スマホ代は夫婦だけの分の負担ですみます。インターネットでの検索や動画視聴などをしないのであれば、維持費の安い格安スマホへの乗り換えも効果的です。また、使っていない有料サービスは解約しましょう。

スマホを持っていれば、固定電話やFAXは必要ないかもしれません。振り込め詐欺防止のためにも、使用頻度の少ない固定電話は解約するのもいいでしょう。

〈保険料〉

払いすぎている保険料も支出カットのポイントです。一家の稼ぎ手である夫が亡くなったときは遺族年金（178ページ参照）を受け取ることができます。すでに子どもが独立していれば、高額な死亡保障は必要ないでしょう。また、今は金利が低いため「保険で貯蓄」をしてはいけません。

変動費……食費、水道光熱費、日用品など

〈食費〉

変動費の中で大きな割合を占めるのが食費です。ただし、量や質は落としたくありません。食費カットのポイントは、できるだけムダなものを買わないこと。買っても冷蔵庫の中で腐らせてしまい使い切ることができない食材、調味料などです。冷蔵庫の中をチェックして、必要なものだけを買うようにすればかなり削減できます。

〈水道光熱費〉

水道光熱費は、季節によって増減する変動費です。しかし、一度見直せば確実に効果が得られるのは電気代のプランです。総務省の家計調査によると、高齢夫婦無職世帯の水道・光熱費の月平均は1万9983円。そのうち電気代は水道光熱費の約半分を占めていると言われています。契約アンペアの見直しや、アンペアをそのままに契約会社を変えてみましょう。ガスと電力のセット割もあります。各社のホームページで、料金のシミュレーションができる場合があります。

〈日用品など〉

新型コロナウイルスの感染拡大防止のため自粛が始まったころから、トイレットペーパーやシャンプー・リンス、ボディーソープなどの買いだめが日本各地で起こりました。「中国での生産がストップする」といったデマが流れたためです。

一度買いだめをする習慣が身につくと、やめられなくなります。ストックしておかないと不安になるため、つい買ってしまうのです。日用品をはじめマスク、除菌剤など、ドラッグストアで山積みになって安い値段がついていると、つい手が伸びてしまいます。紙に書くなど在庫管理をして、買いすぎに歯止めをかけましょう。

また、交通費やレジャーにはシニア割などを使い、少しでも安くするように心がけましょう。

M男さんの両親の支出を見直した結果、以前はお店のお得意様のところに行くために車が欠かせなかったのですが、商売をたたむ際に手放す決意をし、しばらくは自転車を使うようにしました。また、食事は、母が仕事で忙しかったのでつい出前やスーパーの中食を買っていましたが、なるべく手料理を作ることにしました。もちろん、台所に父も立つ約束をしたので、母にはそれほどストレスがかかりません。夫婦で過ごす時間が増えるので、お互い協力しながら家事を分担するとうまくいきます。

年金をできる限り増やす方法

M男さんの父は会社で働いたことが一度もなく、職を転々とした後、独立して商売を始めました。母とともに厚生年金の加入歴はなく、国民年金に加入しています。父は40年間加入したので年金は満額受け取れますが、母は、加入期間が24年しかなく、月約4万円しか受け取れません。

会社員、自営業、フリーランスによって加入する年金の種類が異なり、もらえる年金の額は大きく異なります。年金について詳しく見てみましょう。

国民年金

「国民年金」は、日本在住の20歳以上60歳未満のすべての人が加入対象になります。65歳になると、亡くなるまで年金が受け取れます。保険料を支払うことが条件で、2017年8月からは10年以上支払うと受け取れるようになりました。支払い期間の長さによって受給金額は変わり、40年間、保険料を1カ月も欠かさず支払うと満額受け取れます。

国民年金は年金の基礎で「1階部分」とも呼ばれ、自営業やフリーランス、会社員、専業主婦など全員が加入します。保険料は定額で収入がない学生でも20歳以上は支払わなければなりません（学生納付特例制度あり：届け出をすると保険料を支払う必要がない）。

2020年度の月々支払う保険料は1万6540円、支払われる年金額（老齢基礎年金）は満額で年78万1700円、月額6万5141円となります。

厚生年金

「厚生年金」は、厚生年金に加入している民間企業の会社員や公務員が対象になります。月々支払う保険料は労使折半で、給料から自動的に天引きされます。会社員や公務員は、国民年金の「1階部分」のほかに、「2階部分」の厚生年金が上乗せされます。収入が高いほど受給額（老齢厚生年金）は増えます。

ボーナスを含む平均的な月収が43万9000円で、40年間働いた場合の夫婦2人分の受給額は1階部分を含めて1カ月あたり22万7724円となります。

これとは別に、厚生年金加入者で条件に合う人には「加給年金」が支給されます。加給年

図表7-1　加給年金の支給対象となる期間の例

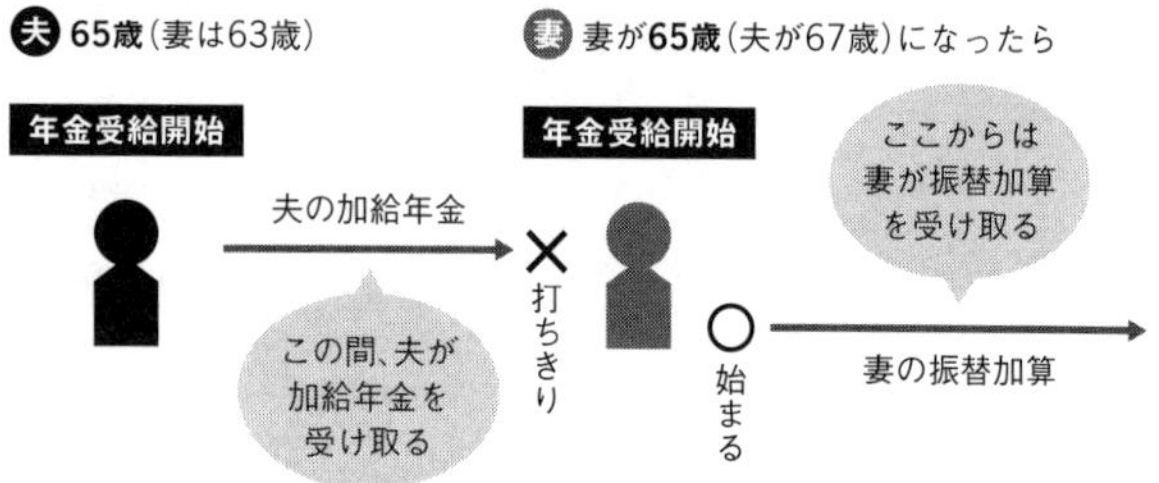

※夫が会社員、妻が専業主婦の例（夫65歳時に子どもは20歳以上）

金とは、厚生年金の加入期間が20年以上ある主たる生計維持者（専業主婦家庭なら夫）が65歳になったとき、65歳未満の配偶者（厚生年金に20年以上加入、障害年金を受け取っていないこと）や、子どもがいる場合に支給されるものです。子どもについては、18歳になってから最初の3月末を迎えるまで支給されます（障害等級1・2級の子では20歳未満）。

金額は配偶者に対する分が39万9000円、子どもは22万4900円（第1子、第2子）、第3子から7万5000円が夫の年金に加算されます。妻が65歳になったら「振替加算」と名称が変わり、妻が受け取ります。

60歳以降でも年金を増やす方法

年金が足りない人は、60～70歳までの間に増やす方法があります。

〈65歳まで国民年金に任意加入〉

国民年金の加入期間は60歳までですが、自ら希望すれば65歳まで加入できる「任意加入制度」を利用できます。対象となるのは、日本国内に住所を有する60歳以上65歳未満の人、老齢基礎年金の繰上げ支給を受けていない人、20歳以上60歳未満までの保険料納付月数が４８０カ月（40年）未満の人、厚生年金保険に加入していない人です。

〈さらに70歳まで任意加入〉

国民年金は、納付済期間などの合計が10年に満たないと年金がまったくもらえません。このような場合に、本人の申し出により、65歳から70歳未満の間、受給権が発生するまで国民年金保険料を納めることができます。対象となるのは、日本国内に住所を有する65歳以上70歳未満の人、あるいは日本人で外国に移住している65歳以上70歳未満の人です。

〈会社に勤めて厚生年金に加入する〉

1週間の働く時間が20時間以上、月額の賃金8万8000円以上、従業員501人以上（2022年10月からは101人以上、2024年10月からは51人以上）の企業に勤めると、厚生年金に加入できるようになります。70歳まで加入できますので、その分、もらえる年金額は増えます。受け取れる額は月額20万円の収入で10年間働くと、老齢基礎年金にプラスして、老齢厚生年金が約13万円もらえます。

また、現在60歳から64歳に支給される特別支給の老齢厚生年金は、働きすぎると年金が支給停止となってしまうので、働く時間をセーブする人がたくさんいました。しかし、2020年6月に成立した年金制度改正法で、2022年4月1日から、この支給停止となる賃金と年金額の合計が27万円から47万円に引き上げられます。もっと働いて、その分年金を増やすことが可能になりました。

男性と公務員（男女とも）は1961年4月2日以降、女性は1966年4月2日以降生まれは65歳前の年金支給はありません。気にせずに働きましょう。

図表7-2 年金の繰り下げ受給による年金額の変化

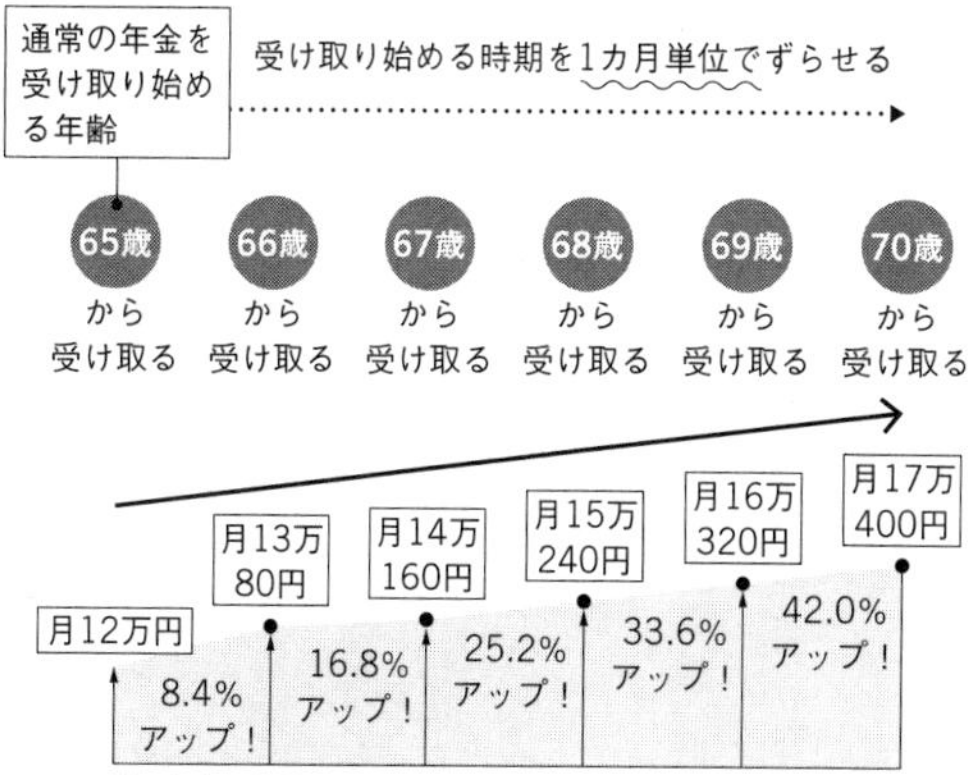

注：年金月額12万円の場合

（出所）井戸美枝著『一般論はもういいので、私の老後のお金「答え」をください！』（日経BP）

年金は60歳から受け取ることができますが、65歳から1カ月繰り上げるごとに年金額が0・5%減額される「繰り上げ受給」（2022年4月から0・4%減額）と、65歳から1カ月先延ばしするごとに年金額が0・7%増額になる「繰り下げ受給」があります。

そして、年金を増やす方法として、現在60〜70歳の間となっている年金受給の開始時期が、60〜75歳に引き上げられることになりました。年金が少ないときは、なるべく長く働いて年金を受け取る時期を先延ばしすると、増やすことができます。5年間もらうのを遅くすると年金は142%アップします。さらにもう5年間遅くして75歳に受け取ると184%もアップします。生活費や税金、社会保険料の負担などを含めて検討しましょう。

両親どちらかが亡くなった後にもらえる遺族年金の額は?

両親が健在でも、いずれはどちらかが先に亡くなります。夫婦のうち父親のほうが年上で母親は年下である場合が多く、男性よりも女性のほうが平均寿命が長いので、女性には「長生きリスク」がつきまといます。しかも、先のM男さんの両親はあまり年金問題に関心がなく、父が先に亡くなって母が1人になっても、「今までどおり2人分の年金が受け取れる」と勘違いをしていました。

父が亡くなったら、母は65歳以降、自分の老齢基礎年金しかもらえないということを最近知り、「1カ月4万円程度の年金収入で、どうやって暮らしたらいいのかしら」と心配するようになりました。そうはいっても、1人息子のM男さんが会社員だからなんとかしてくれるに違いないと思い、両親は商店街の旅行や友達とのカラオケ、買い物など自由気ままに過ごしています。

M男さんが両親に将来のことを考えるようにうながしても、「今まで一生懸命働いてきたんだから、これくらいいいじゃない」「お前にまかせる」などとのんきなことしか言わず、そのうち親子ゲンカに発展してしまいました。

片方の親が先立った後、どのような年金収入になるのか、残された親がもらえる年金をシミュレーションしてみましょう。

〈ケース１〉父が自営業・母は専業主婦。２人とも国民年金の加入者

父は40年間、国民年金に加入していたので、老齢基礎年金（年間約78万円）を受け取れます。一方、母は、国民年金に24年間しか加入していなかったので満額受け取れず、老齢基礎年金は約47万円となります。２人合わせて１年間の年金収入は約１２５万円。１カ月約10万円です。

もし父が先に亡くなり母が１人になったら、母は父の老齢基礎年金は受け取れません。国民年金からもらえる遺族給付には、「遺族基礎年金」「寡婦《かふ》年金」「死亡一時金」の３つがあります。遺族基礎年金は、18歳未満の子どもを持つ妻（夫）や、両親のいない18歳未満の子ども（両方亡くなった、または1人が離婚などでいなくなり、残ったほうが亡くなったなど）に支給されます。

遺族基礎年金は、被保険者（本人）が次の期間中に亡くなってることが受給要件です。

①国民年金に加入中（会社員なども加入しているので含まれる）

②かつて加入していて今は加入中ではないが、60歳以上65歳未満

③老齢基礎年金をもらっている

④老齢基礎年金の受給資格者（60歳以上65歳未満）

①②の人は保険料納付要件があります。死亡日の前日において、死亡日の属する月の前々月までの保険料を納付すべき期間のうち、3分の2以上が保険料納付済期間または保険料免除期間であること、また、保険料の滞納期間が3分の2を超えていない、といった条件です（2026年3月31日までは、死亡日の前日において、死亡日の属する月の前々月まで直近の1年間の間に保険料の滞納がない、という特例になっています）。

ちなみに、子どものいる妻と子どもが遺族の場合、遺族基礎年金の給付額は次のとおりです。

基本額（妻）78万1700円
子どもの加算1人目と2人目　22万4900円、子どもの3人目　7万5000円

子どもが成人した夫婦の場合、どちらかが亡くなっても遺族基礎年金をもらえる資格はありません。寡婦年金（夫の老齢基礎年金の4分の3。妻が60歳から65歳の間）または死亡一時金（12万〜32万円。保険料を納めた期間による）のどちらかのみです。65歳以降の母1人の1年間の年金収入は47万円になります。母が先に亡くなったら、父は死亡一時金と老齢基礎年金を受け取ることになります。40年間保険料を納めていれば老齢基礎年金は満額の約78万円がもらえます。

〈ケース2〉父が会社員で厚生年金加入者・母は専業主婦

父は大学を卒業してから定年を延長して62歳まで働き、母は父と結婚してから扶養家族として「第3号被保険者」となって国民年金に加入し、父が定年退職した後も国民年金保険料

を払い続け、満額受け取れるまでに達しました。

父は老齢基礎年金と老齢厚生年金とを合わせて年間約２１０万円、母は老齢基礎年金の年間約78万円がもらえ、２人合わせて約２８８万円になります。１カ月約24万円です（加給年金は含んでいない）。

父が先に亡くなり母が１人になったとき、母は自分が加入した分の老齢基礎年金にプラスして、父の遺族厚生年金が受け取れることがわかりました。会社員や公務員など厚生年金に加入している人（被保険者）、またはかつて被保険者で一定要件を満たしている人が亡くなった場合、家族には遺族厚生年金が支給されます。遺族厚生年金をもらえるのは、次の要件が当てはまる人です。

①死亡日に厚生年金保険の被保険者であった人
②被保険者であった間に初診日のあるケガや病気で、初診日から5年以内に亡くなった人
③障害厚生年金の障害等級１・２級の受給権者
④老齢厚生年金の受給権者または老齢厚生年金の受給資格期間を満たして亡くなった人

遺族厚生年金をもらうための保険料納付要件は、遺族基礎年金と同じです。また、年金がもらえる遺族は広範囲ですが、優先順位があります。

1位　配偶者　妻の年齢は問われないが、夫の場合は55歳以上
　　　子　　18歳に到達した年度の末日までの子で、婚姻していない子
2位　父母　　55歳以上
3位　孫　　　要件は子と同じ
4位　祖父母　55歳以上

妻が遺族厚生年金をもらえなくなるケースは、事実婚を含めて再婚した場合、死亡した場合などが当てはまります。

父が亡くなった後、母は父の年金の全額を受け取れると勘違いしていましたが、正しくは老齢厚生年金の4分の3相当額で、遺族厚生年金は年間約100万円をもらえます。母1人

の1年間の年金収入は約178万円、1カ月約15万円になります。

〈ケース3〉父、母ともに会社員で厚生年金加入者

父は大学を卒業してから定年を延長して62歳まで働き、母は父と結婚してからも会社員として働き続けました。父が先に亡くなった場合、母には3つの選択肢があります。

Aタイプ　自分の老齢基礎年金と自分の老齢厚生年金
Bタイプ　自分の老齢基礎年金と夫の老齢厚生年金3／4（遺族厚生年金と同額）
Cタイプ　自分の老齢基礎年金と夫の老齢厚生年金1／2と自分の老齢厚生年金1／2

これらのうち、最も多い額になります。

〈例〉以下の状況で夫が亡くなった場合
夫の厚生年金　10万円

妻の厚生年金　7万円

・Aタイプ

妻の老齢厚生年金　7万円

妻の老齢基礎年金　6万5000円

合計　13万5000円

・Bタイプ

夫の老齢厚生年金3／4（遺族厚生年金）　7万5000円

妻の老齢基礎年金　6万5000円

合計　14万円

・Cタイプ

妻の老齢厚生年金1／2　3万5000円

夫の老齢厚生年金1／2　5万円
妻の老齢基礎年金　　　6万5000円
合計　15万円

父が亡くなった後、母はCタイプの月額15万円、年金が受け取れるという計算になります。厚生年金部分は8万5000円です。厚生年金の内訳は、自分の老齢厚生年金が全額の7万円で、差額1万5000円が遺族厚生年金になります。

179ページの自営業者のように、遺族基礎年金は、妻（夫）に幼い子がいない場合はもらうことができません。遺族基礎年金をもらえない60～65歳未満の妻で、結婚生活が10年以上続いた人には「寡婦年金」という制度があります。寡婦年金がもらえない場合は国民年金保険料が掛け捨てになってしまうので、死亡一時金が支払われます。寡婦年金と死亡一時金は、どちらかを選択します。夫が亡くなったときの妻の年齢によって、どちらが有利なのかが変わります。

親が加入する年金の種類を知っておき、親が亡くなったときにどのような収入になるのか想定した上で、介護プランを立てましょう。資金計画を立てやすくなり、ムダな出費を防ぐことにもつながります。

第　8　章

介護費用を
節約できる制度

ケース　母70代、娘40代独身、同居

N子さん（48）はおひとりさまの会社員。昨年、父が亡くなり、母（74）と2人で暮らしていますが、さまざまな手続きをしている最中に事件が起こりました。N子さんが給与明細を見ると、手取り額が減っているのです。

あわてて総務の担当者に確認を取ると、「お母さんを扶養に入れましたよね。お母さんが扶養家族になったので、その分、社会保険料が増えたのです」と言われて愕然としました。

母は、父が亡くなってから気持ちがふさぎ込んでしまって引きこもりがちになり、寝込むことが増えていきます。歩くのもしんどくなってきたので、母が1人で生活する時間に何かあったら困ると思い、要介護認定を受け、デイサービスなどに通うようになった矢先の出来事でした。

扶養家族と社会保険の関係

新たに健康保険の被保険者になった人に被扶養者（扶養家族）がいる場合や被扶養者の追

加があった場合、被保険者本人は事業主へ「被扶養者（異動）届」を提出します。

被扶養者の範囲は、配偶者、子どもや孫、兄弟姉妹、父母、祖父母などの直系尊属・直系卑属が該当します。配偶者は同居していなくても被扶養者として認定されますが、配偶者以外の3親等内の親族（伯叔父母、甥姪とその配偶者など）、内縁関係の配偶者の父母および子どもは、同居していることが条件になります。

さらに、収入に関しては、年間130万円未満（60歳以上または障害者の場合は年間180万円未満）、被保険者からの援助による収入額より少ないこと、といった要件があります。健康保険料は、扶養家族が何人いても保険料は変わりません。例えば、妻、子ども2人、両親というように扶養家族が5人いても、扶養家族がまったくいなくても、前年の世帯所得と本人の所得に対して保険料が計算されますので、給与額が同じなら保険料は同じです。ただし、75歳（寝たきりなどの場合は65歳）からは「後期高齢者医療制度」に加入して、個人単位で保険料を支払います。

問題は「介護保険料」です。40歳になると、介護保険料を居住地の自治体に納めます。65歳以上は「第1号被保険者」、40～65歳未満の人は「第2号被保険者」と言います。第2号被保険者の人の保険料は、健康保険に加入している人と国民健康保険に加入している人とで算定方式が異なり、会社員は協会けんぽ・健康保険組合、公務員は共済組合に加入している医療保険の算定方式に基づいて決まります。

N子さんの母は、父の遺族厚生年金と自身の老齢基礎年金を合わせて年間114万円（月額9万5000円）の年金収入がありました。65歳以上は第1号被保険者で、原則、年金から介護保険料を差し引きます。扶養になっていなければ、住民税非課税として保険料が計算されます。つまり、扶養になっているために、住民税課税世帯として保険料が計算されるのです。母が夏場に熱中症で体調を崩して1週間程度、入院したときの医療費も、かなりの負担を感じました。

家計が別なら「世帯分離」で介護費と医療費を安くする

職場で母の愚痴をこぼしていたときに、上司がアドバイスしてくれたのが「世帯分離」という方法でした。親が1人暮らし、あるいは2人暮らしでも、年金生活であれば「低所得」に分類される場合があります。医療費や介護費は住民税の課税・非課税が影響し、低所得だと負担が少なくなり、高所得だと重くなります。親が、現役で働いている子どもの扶養家族になると、課税世帯の一員となり、たとえ親の収入が少なくても医療費や介護費の負担は軽減されないのです。

世帯分離とは、その名のとおり、同居していても住民票の世帯を分けることです。つまり、同じ住所で世帯主が2人になります。役所の窓口で「世帯分離がしたい」と伝え、住民票の異動届を提出します。

親世帯と家計が別ならば、「親世帯と子世帯で同じ家に住んでいても、家計は別であること」がわかるように家計簿などの記録をつけておくのもよいでしょう。世帯分離は、介護保険の負担を軽くするためにある制度ではないからです。

住民票の異動届が受理された後、健康保険課や介護保険課でN子さんの母の保険証の再発行の手続きをしました。この手続きをした結果、母は住民税非課税世帯になり、介護保険料は年間5万円ほど少なくなったそうです。

また、医療費、介護費用に影響を与えるのは「住民税」です。世帯に属する全員が、住民税の負担がない世帯を「非課税世帯」と言います。

遺族年金を除いて親がもらう年金は「雑所得」になり、65歳以上の親が1人暮らしをしている場合、年間収入155万円（1カ月12万9000円）以下（目安）だと非課税世帯の扱いになります。70歳以上の高齢者が診療を受ける場合には、かかった医療費の2割、現役並み所得者については3割を窓口で負担します。母の年金収入とN子さんの所得を合算されたことで母は3割負担になっていましたが、2割負担に変えることができました。

さらに、介護保険サービスを利用したとき、一定額を超えた分を払い戻してくれる高額介護サービス費の所得区分は世帯単位になっています。高齢者本人のみだと1万5000円が上限です。子どもの扶養になり住民税を負担している世帯になると4万4400円です。月額2万9400円、負担が増えます。

世帯分離は、介護費に対しても大きなメリットがあります。N子さんが出張のときなど、母が1人きりになるのを避けるために、特別養護老人ホーム（特養）のショートステイを利用するプランを立てました。ユニット型個室を利用した施設サービスは負担限度額が定められており、1日の食費は1380円かかっていました。これが、390円に減りました。居住費も1日1970円から820円に減ったことで、経済的にも精神的にも楽になりました。仮に母がそのまま特養に入所したとすると、毎月の居住費と食費の負担は10万5000円から3万6300円に減ることになります。

長い介護の負担を少なくするために、同居の親子でも家計が別であれば、世帯分離をして、医療費と介護費を抑えることも可能でしょう。

世帯分離は親子間ではスムーズに手続きが進むようですが、夫婦の場合は少し難しいかもしれません。夫婦は民法で協力・扶助の原則があるため、世帯を分離するためには実態として生計が別であることを証明する必要があります。

さらに、2015年度から厚生労働省は、特養などに入所する所得の低い人に食費や部屋代を補助する制度について、預貯金が単身で1000万円超、夫婦で2000万円超ある場合は対象から外しました。夫か妻がすでに特養に入所し、特養の住所で住民票登録をして世帯分離をした住民税非課税の夫婦であっても、この場合は夫婦の預貯金額で判定されます。

医療や介護の自己負担の上限を決める所得区分の要件は厳しくなる傾向にあり、高齢者も所得に見合った費用を負担する仕組みに変わってきています。世帯分離についても、自治体によって対応が異なります。親が75歳未満の場合は、国民健康保険に子どもとは別に加入します。世帯分離によって負担が増える場合もあるので、確認しておきましょう。

確定申告で税金を取り戻す

高齢者の負担を軽減するために、年間400万円以下の収入の人、年金以外の所得が20万円以下の人は確定申告をしなくてもよいことになっています。しかし、「寡婦控除」「障害者控除」に該当すれば、所得税が戻ってくることがあります。

寡婦控除

寡婦控除とは、受給者本人（女性）が、その年の12月31日の時点で、原則として次のいずれかの条件に当てはまると27万円の控除が使えます。

〈一般の寡婦（所得税27万円、住民税26万円）〉

①夫と死別し、もしくは離婚した後、再婚していない人、または夫の生死が明らかでない人で、扶養親族がいる人、または生計を一にする子どもがいる人。この場合の子ども

は、年間所得が48万円以下で、ほかの人の控除対象配偶者や扶養親族となっていない人に限られます。

②夫と死別した後、結婚をしていない人、または夫の生死が明らかでない人で、受給者本人の所得金額が500万円以下の人。

③住民票の続柄に未婚の夫など事実婚の記載がないこと。

〈ひとり親控除　所得税35万円　住民税30万円〉

令和2年度（2020年度）税制改正により、特別寡婦が廃止され、「ひとり親控除」が新設されました。離婚や死別によってシングルになった人などには、従来「寡婦（夫）控除」があり、所得から一定の額が控除されていました。ただし、シングルマザーとシングルファザーでは控除の内容に差があったほか、未婚のひとり親には控除がありませんでした。その格差を解消するために、寡婦控除が改組されてひとり親控除が新設されたのです。

ひとり親控除の対象になるのは、以下のすべてに該当する人です。

①生計を一にする子を有すること。

②所得金額が500万円以下。
③住民票の続柄に「未婚の夫・妻」などの事実婚の記載がないこと。

障害者控除

納税者本人が障害者であるときは、障害者控除として27万円（特別障害者のときは40万円）が所得金額から差し引かれます。

基本的に障害者手帳を持っている人が対象ですが、要介護認定を受けている人も対象になる場合があります。要介護認定者が障害者（特別障害者）控除を受けるためには、市区町村の自治体が交付する「障害者控除対象者認定書」が必要です。障害者手帳を持っている人は認定書の申請が免除されることもありますので、お住まいの自治体で確認しましょう。

「障害者手帳」は、「身体障害者手帳」「療育手帳」「精神障害者保健福祉手帳」の3種の手帳を総称した一般的な呼称です。親の身体の状況によっては身体障害者手帳の交付を受けられる場合があります。また、認知症の場合は、精神障害者保健福祉手帳の交付が受けられる場合があります。障害者手帳で受けられるサービスについては、要介護認定を受けている場合、介護保険のサービスを優先して使うので、要介護度が軽度の場合はメリットがあります。

サービス内容は自治体によって異なり、タクシーやマッサージ利用の補助などが受けられることが多くなっています。

医療費控除

一定額以上のおむつ代など医療費を支払ったときや介護保険施設に入居して月額の利用料を支払ったときは、「医療費控除」が使えます。

親が要介護になると「おむつ代」がかかるようになります。パンツのようにはくタイプのほかにも、パッドを組み合わせて使うこともあり、毎回、排泄の度に交換するので負担がかさみます。おむつ代を医療費控除するためには、6カ月以上寝たきりなどで、医師が「この人はおむつが必要」と認めていることが必要です。確定申告の際には、領収書と、かかりつけ医がサインをした「使用証明書」が必要になります。医療費控除の2年目からは、「おむつ使用証明書」に代わり、自治体に申告をすることで「おむつ代の医療費控除確認書」の交付が受けられます。

介護保険サービスの利用でも、訪問看護、訪問リハビリテーション利用料などは医療費控除の対象になります。介護老人保健施設（老健）に入居した場合は、自己負担額と居住費・食費の合計額、特別養護老人ホーム（特養）では、自己負担額と居住費・食費の合計額の2分の1に相当する額が対象になります。

また、在宅介護でも、本人の入院や通院にかかったタクシー代は対象になりますので、領収書は捨てないようにしましょう。さらに、災害や盗難にあったときは「雑損控除」、自宅をバリアフリー改修したときは「住宅特定改修特別税額控除」が使えます。

確定申告は5年前までさかのぼることができますので、申告を忘れてしまったときでも、5年以内に行うと「還付金」として受け取ることができます。

老人扶養控除

親を扶養している場合は「老人扶養控除」58万円の控除が使えます。別居で生活費を仕送りしているケースでも対象になります。送金を証明できる通帳の写しなどを残しておくといいでしょう。

世帯分離をしている場合、「生計は別」ということなので、親の医療費や介護費用の負担は減りますが、子どもが確定申告をするとき、老人扶養控除などが使えないといったデメリットもあります。条件は、親が65歳以上で、収入が年金のみであれば、年金額が158万円以下であることです。

老人扶養控除　同居の親（所得税58万円、住民税45万円）
　　　　　　　別居の親（所得税48万円、住民税38万円）

親の家を現金化する3つの方法

O美さん（65）は、実家で暮らす母（83）に、将来は老人ホームに入ってもらいたいと思っていました。O美さん夫婦は年金収入が少なく、夫は定年を延長して働くことにしましたが、親の介護費用の不足分を捻出する余裕がありません。

介護がスタートしてからは、母の年金で介護費用はなんとかまかなえていますが、施設に入った場合の月額利用料金は、母の年金だけでは不十分です。「どうしたらいいのか」と考えあぐねていたところ、「家を担保にしてお金が借りられる方法がある」と友人に教えてもらいました。

コロナ禍で収入が減少してしまい、自宅の住宅ローンや事業資金の返済が苦しいという人が増えています。ある程度、資産があれば取り崩すこともできますが、貯金や年金が少ない、保有資産は主に自宅のみという高齢者は意外と多いようです。

介護資金が不足したときに自宅を担保に金融機関から融資を受け、現金を手にする方法は3つあります。代表的なのが「リバースモーゲージ」です。

融資が受けられる年齢は金融機関によって異なり、60歳以上や65歳以上に設定されることが多くなっています。資産に応じて金融機関は「融資上限額」を設定します。自宅にそのまま住み続けている間は、定期的、または随時、融資を受けられます。亡くなったときに自宅を売却して一括返済するので、長生きする間に住宅価格が下がってしまうと、返済額が残るというリスクがあります。

2つめは、「不動産担保ローン」です。自宅などの不動産を担保にして金融機関などから一括で融資を受け、その後、毎月、元本と金利を返済していくサービスです。返済が難しい状況となった場合には、担保としている不動産を金融機関などが売却し、ローンの返済にあてられます。一括で融資を受けられるので、自宅はそのままにして高齢者住宅に移り住むことも可能です。

これら2つの方法の共通点は、自宅などの不動産資産を担保として融資を受ける際、自宅の所有権は本人のままで、移転しないことです。

3つめの方法として、最近、不動産会社が手がけている「リースバック」というサービスがあります。賃貸借契約付き売却で、所有する自宅などを第三者（不動産会社や投資家など）に売却し、売却先と賃貸借契約を結んで、元の所有者が家賃を支払えばそのまま住み続けられるという仕組みです。

リースバックのメリットは、売却によってまとまった現金が手に入ることです。それをもとにして高齢者住宅への入居を検討するのもよし、そのまま住み続けて介護を受けるのもよし、さまざまな選択肢が可能になります。ただし、住宅ローンが残っている物件は売却の対象になりません。

親の住まいを将来的に売却する予定があれば、さまざまなプランからベストな方法を選んでみましょう。

自宅を売却したくない人は「マイホーム借り上げ制度」

移住・住みかえ支援機構（ＪＴＩ）の「マイホーム借上げ制度」は、主に50歳以上の人の自宅を終身で借り上げ、原則、３年の定期借家契約で若年層を中心に転貸し、一定の家賃収入を住宅の所有者に保証するシステムです。

最初の入居者との転貸借契約が成立した後は、仮に空室、空き家になっても、空室時保証賃料（査定賃料下限の85％が目安）が継続的に支払われますので安心です。具体的には、空き家・空室積立金10％と管理手数料５％を家賃から差し引いた額が住宅の所有者に支払われます。

介護費用がなくて困ったら自治体に相談

持ち家がないことで老後の不安を抱く人も少なくありませんが、賃貸住宅に住んでいるか

図表8-1　移住・住みかえ支援機構（JTI）の
マイホーム借上げ制度の仕組み

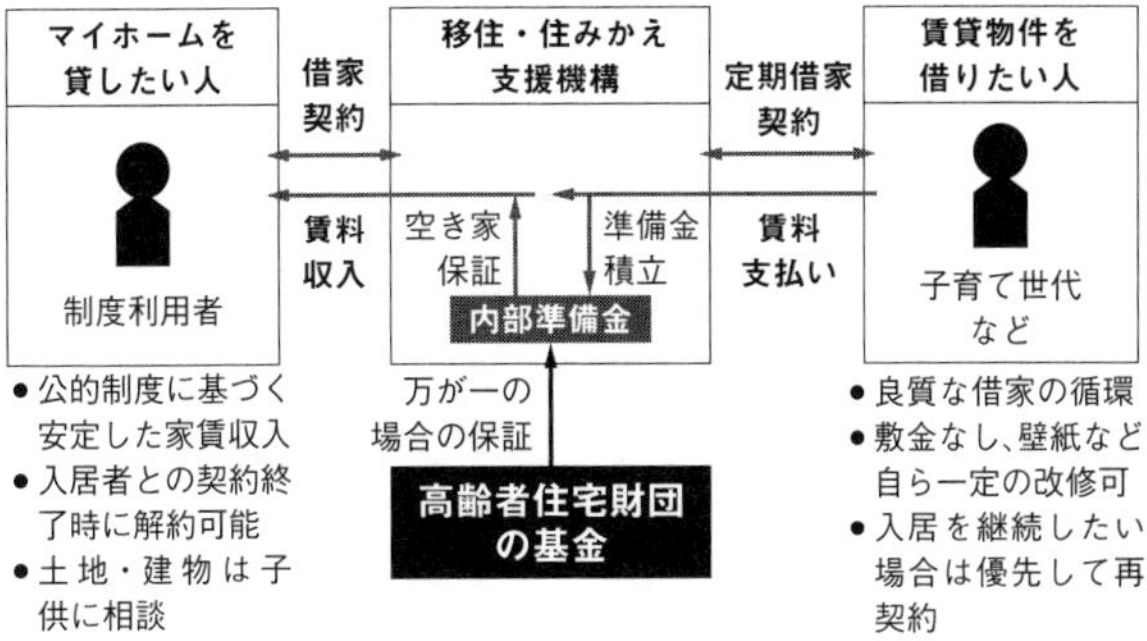

（出所）移住・住みかえ支援機構（JTI）ホームページ

らこそ、最後のセーフティネットを利用できるというメリットがあります。

親の介護は親のお金でまかなうのが基本ですが、例えば子どもがリストラにあい、再就職先が見つからず収入が得られない状況下で、親の介護費用を援助する余裕はまったくない、という人もいます。親の介護費用が捻出できなくなり、生活に困ったときに最低限度の生活を保障する制度が「生活保護」です。

保護を受けるのは家族単位なので、家族全員の所得や資産の合計が、国が定めている生活保護の基準を下回っていることが条件です。市区町村の福祉事務所（福祉課の窓口など）で申請できますので、遠慮せずに相談しましょう。

よくあるのが、手持ちのお金が少なくなってきたからと、手軽に銀行のキャッシュカードやクレジットカードのキャッシング機能を使い、お金を借りることです。高金利の借金を返済するためにまたお金を借りることになり、借金が膨らみ続けてしまうので危険です。

介護費のみならず、生活費に困ったら自治体の相談窓口に必ず出向きましょう。

社会福祉協議会「生活福祉資金貸付制度」を活用

さまざまな事情で所得が少ない人、障害がある人の生活を経済的に支える貸付制度に「生活福祉資金貸付制度」があります。銀行などからお金を借りるのにくらべて、低い金利で借りることができます。申請は市区町村の社会福祉協議会で受け付けています。

貸し付けの対象となるのは、次の要件に該当する人です。

- 必要な資金をほかから借りることが困難な「低所得者世帯」
- 障害者手帳などの交付を受けた人が属する「障害者世帯」

・65歳以上の高齢者が属する「高齢者世帯」

コロナ禍などによる失業や減収で生活困窮が広がっている中、困窮した人に対し、生活を立て直せるよう支援することが求められています。セーフティネット施策の1つである生活福祉資金貸付制度は、リストラにあった人など勤労世代向けのものだと思い込む人が多いのですが、介護費用が捻出できない高齢者も利用できます。

社会福祉協議会は、各種の福祉サービスや相談活動、ボランティアや市民活動の支援、共同募金運動への協力など、全国的な取り組みから地域の特性に応じた活動まで、さまざまな場面で地域の福祉に取り組んでいる組織です。年金だけでは生活が成り立たない、というときに相談に乗ってくれますので、住まいの近くの社会福祉協議会の場所などを知っておくと安心です。

社会福祉協議会の生活福祉資金貸付制度には、以下の種類があります。

・「総合支援資金」……失業などで生活に困窮している人が生活を立て直し、経済的な自立が図れるように、社会福祉協議会とハローワークなどによる支援を受けながら、社会福祉協議会から住宅入居費、一時生活再建費などの貸し付けを受けられる制度です。生活を再建するまでの間に必要な生活費として、原則3カ月間（最大12カ月まで延長可能）、月20万円までの貸し付けを行うものです（単身世帯は15万円）。償還期限は10年以内です。コロナ禍の影響により収入減となった世帯であれば、失業状態でなくても対象になります。無利子貸付です。

●「住宅入居費」……敷金、礼金などの住宅の賃貸契約を結ぶために必要な資金として、40万円までの貸し付けを行います。

●「一時生活再建費」……就職活動や技能習得、家賃や公共料金などの滞納の一時立て替え、債務整理に必要な費用などについて、60万円までの貸し付けを行います。

これらの資金は、連帯保証人なしでも貸し付けを受けることができます。なお、貸付利子は連帯保証人がいる場合は無利子、連帯保証人がいない場合は年1・5％になります。

現在、コロナ禍において、緊急小口資金など無利子で貸し付けされる支援制度があります。社会福祉協議会に問い合わせてみましょう。

民間介護保険で介護のお金に備える

介護が必要になったときは、公的介護保険を申請します。3年に1度の制度改正で自己負担額が増え、自助努力の必要性が高まってきました（終章参照）。そこで、公的介護サービスでは足りない部分をフォローし、家事代行など全額自己負担になるサービス費をまかなうために、生命保険会社などが販売する「民間介護保険」に加入する人が増えています。

民間介護保険のメリット、デメリットをまとめると、以下のとおりです。

〈メリット〉

- 介護の備えとして経済的な安心が得られる。
- 公的介護保険の対象者・対象疾病以外でも給付が受けられる。
- 介護費用以外に、収入の補てんに充当できる。

〈デメリット〉

- 保険料の負担が年齢とともに重くなる。
- 要介護状態になっても必ず給付が受けられるとは限らない。
- 給付要件が公的介護保険に連動している場合は、公的介護保険制度が改正されると、給付の条件が変わる可能性がある。

例えば、コープ共済の介護保険は、新規加入で0～満79歳の人が加入できます。医師の診断は不要で、簡単な健康告知のみで加入手続きができます。「介護一時金500万円コース」では、支払い対象外日数は30日で、介護一時金500万円、傷害死亡保険金100万円が受け取れます。保険料は75～79歳で月額1万3050円となっています。

一般的な民間介護保険は、保険会社の約款で示されている要介護状態になると介護保険金がもらえます。使い道が自由な現金給付が特徴です。また、受け取る際、一時金として一括で受け取ることができるタイプや、年金として毎年受け取るタイプ、一時金と年金を併用して受け取るタイプがあります。介護保険金、介護年金は全額が非課税となります。

図表8-2 公的介護保険と民間介護保険の主な違い

	公的介護保険	民間介護保険
給付	現物（サービス）給付	現金給付
給付額	要介護度に応じて決まる	自ら設定できる
加入	40歳以上（強制加入）	40歳未満も可（任意加入）
保険料	全額、社会保険料控除	介護医療保険料控除 （最高4万円）
要介護による払込免除	要介護認定を受けても免除されない	商品によって異なる
申請先	市区町村の介護保険課	保険会社や共済組合など

保障期間には、一定期間だけを保障する「有期」と、一生涯保障される「終身」の2つのタイプがあり、有期型は保障期間を80歳までとする商品が多いようです。80歳以降に要介護になる確率が高まることを考えると終身タイプのほうが安心ですが、その分、保険料は高くなります。また、貯蓄性がある商品、死亡保険金がつく商品、解約返戻金がある商品も保険料が高くなりますので、さまざまな商品を比較することが大事です。

長生きリスクに備える民間介護保険への加入の是非については、介護費用にあてられる預貯金が1人800万円程度ある人、公的年金が月20万円以上（夫婦で40万円以上）ある人、介護のためのマンパワーが十分期待できる人などは加入する必要性は低いと言えるでしょう。一方、預貯金や公的年金が少ない人、介護をお願いできる身寄りが近くにいないおひとりさまなどは、民間介護保険で備えておくと安心できます。

第 9 章

どうすれば
介護離職を
避けられるか

ケース　父母70代。娘40代シングルマザー、別居

　P子さんは43歳、小学校の娘がいるシングルマザーです。大学卒業後、勤めた会社で働き続け、産休・育休を経て中間管理職になりました。ある日、実家の母（75）から電話がかかってきました。父（78）が体調を崩し、母が病院に連れていったら、そのまま入院してしまったというのです。

　重要な会議があったのですぐに帰省できず、週末、子どもを連れて実家に帰りました。母から聞かされたのは、父が末期のガンだということです。パニックに陥ったP子さんは、しばらく会社を休んでそのまま実家に滞在することにしました。

「自分が実家に戻って父を看取りたい」――。P子さんは休み明けに出社した際、上司に「退職して実家に帰ります」と告げてしまいました。

介護離職は「介護破産」の入り口

　ある日突然、親が倒れて、介護と仕事の両立が難しいと感じると、気持ちが離職に傾いて

しまいがちです。1年間で約10万人が介護を理由に会社を辞めると言われていますが、介護離職は「介護破産」の入り口です。

生命保険文化センターが、過去3年間に介護経験がある人に介護費用などを聞いた2018年度の調査によると、介護生活をするにあたり、住宅の改修や介護用ベッドなどの購入を含めた初期費用は約69万円、月々の介護にかかる費用の平均は7・8万円でした。

介護経験者が実際に介護を行った期間の平均は4年7カ月（54・5カ月）で、4年以上介護をした割合も4割を超えています。単純にこの数字を組み合わせると、高齢者1人の介護に必要な金額は494万1000円で、これに日々の生活費が加算されます。月々高齢者が受け取る年金が、7万8000円を下回れば、介護費用の不足分と生活費は家族が負担しなければなりません。仕事と介護の両立が困難になり、介護のために離職を選ぶと、再就職したとしても良い職につくことができず、経済的困窮に陥ることがあるのです。

さらにこんなデータもあります。明治安田生活福祉研究所とダイヤ高齢社会研究財団が2015年に発表した「介護と仕事の両立と介護離職に関する調査」報告書によると、介護のために転職した正社員が新職場でも正社員として働けたのは、男性が3人に1人、女性が

5人に1人です。転職前後の年収を比べると、男性は557万円から342万円と4割減り、女性は350万円から175万円と半減しています。

また、2013年1月に厚生労働省が行った「仕事と介護の両立に関する労働者アンケート」調査では、退職して介護に専念した場合、39・0%の人が「経済面で負担が増した」と回答し、さらに「非常に負担が増した」と回答した人は35・9%にもなりました。介護で会社を辞めてしまうと、その後の人生設計が狂ってしまうことが多いのです。

「最期ぐらい親孝行したい」が仇になる

Q夫さん（65）は介護離職の経験者です。子どものころ、両親にかわいがられて育ち、「自分が親の面倒をみるしかない」と考えていました。そして、P子さんと同じく、ガンを患った父の面倒をみたいと、15年前に会社を辞めてしまいました。

大手企業で正社員として働き、管理職に昇進してからは高給取りになっていました。両親と同居して悠々自適のシングルライフを満喫していたところ、人生が一変したのは父のガンが発覚してからです。父を病院に連れていくのに有給休暇を消化するようになり、「これ以上休むと職場に迷惑がかかる」と思い始めます。プロジェクトのリーダーになるなどやりがいを持って仕事に取り組んでいたので、人一倍責任感も強かったのです。

「父の世話をしたいから会社を辞めたい」と直属の上司や同僚に伝えると、引き止められましたが、勢いで介護離職をしてしまいました。退職金と貯金を合わせて数千万円あるので、何とかなると思ったのが間違いでした。何でもお金で解決する習慣だったため、貯金がみるみる減っていきます。一番の誤算は、退職してからなんと2週間後に父が亡くなってしまったことです。「あと2週間、会社を休んでいれば辞めずにすんだかもしれない」と、後悔しました。

「最期ぐらい精いっぱい親孝行をしたい」と、盛大な葬儀を行い、お墓も建てました。その費用は合わせて850万円にのぼります。その後、同居の母に認知症の症状が出始め、Q夫さんが知らないところで、訪問販売やテレビショッピングで布団やネックレスといった高額な商品を買い込んでいたことが発覚、Q夫さんが支払いを立て替えるアクシデントもありました。

再就職先でもトラブルが続きました。知り合いの紹介で再就職しても、給料は前職の半分程度です。貯金を取り崩す生活を送り、母が他界した後、葬儀を行ったところでついに貯金が底をついてしまったのです。

一方、同じく「ガンの父の最期を看取りたい」と思った冒頭のP子さんは、「父の面倒をみたいので会社を辞めたい」と上司に告げたとき、上司から「介護休業制度を使ってしばらく休んだら」とすすめられました。1991年、育児休業、介護休業等育児又は家族介護を行う労働者の福祉に関する法律（通称：育児・介護休業法）が施行され、この法律で定められている「介護と仕事を両立させるための支援制度」として「介護休業」と「介護休暇」が盛り込まれました。2016年には、介護離職者数の増加を受けて大きな法改正が行われて、支援内容が大幅に拡充されています。

仕事と介護を両立する制度

介護休暇

介護休暇は、病気やケガ、高齢などの理由で要介護状態になった家族を介護する従業員に対して与えられる休暇です。介護をともなう休暇の申し出には、有給休暇ではなく介護休暇で対応することになります。

〈取得できる日数〉

要介護状態にある対象家族1人につき、年間最大5日（対象家族が2人以上の場合は10日）取得できます。排泄・食事介助などの直接的な介護や、買い物や書類の手続きを行う場合などにも利用できます。2021年1月1日からは、介護休暇を1日単位、または時間単位で取得することができるようになりました。

ただし、「日々雇用」の従業員、労使協定を締結している場合に対象外となる人は取得できないので確認しましょう。

〈介護休暇を取得できる対象者〉

介護休暇は、正社員をはじめアルバイトやパート、派遣社員や契約社員も取得できます。ただし、「入社6カ月未満」「1週間の所定労働日数が2日以下」の従業員は、労使協定で対象外になることもあります。

〈取得申し出の方法と給料〉

介護休暇の申し出は、「書面による方法」とは限定されていません。有給休暇の取得時と同じ手続きなど会社によって定められているので、規約で確認をしておく必要があります。また、急遽、取得せざるをえない状況も考えられるため、当日の電話による申し出、事後における申し出もできるかどうか確認しましょう。また、有給・無給については、法的に定めはないので会社によって異なります。

介護休業

介護休業は、負傷や疾病、身体もしくは精神の障害などの理由から2週間以上「要介護状態」にある対象家族（配偶者、父母、配偶者の父母、子、祖父母、兄弟姉妹、孫）を介護する場合に取得できる休暇です。

ここでの要介護状態とは、負傷、疾病または身体上もしくは精神上の障害により、2週間以上の期間にわたり「常時介護を必要とする状態」を言います。常時介護を必要とする状態とは、要介護2以上、または厚生労働省の判断基準に該当する場合を言います。

〈取得できる日数〉

要介護状態にある家族１人につき3回まで、通算93日まで取得できます。

〈介護休業を取得できる対象者〉

介護休業は、日々雇用を除くすべての従業員が取得できます。ただし、有期契約社員は、申し出時点で次の要件を満たすことが必要になります。

①入社１年以上であること。

②介護休業取得が可能な93日を経過して、６カ月以上の契約が認められていること。なお、入社１年未満の従業員、１週間の所定労働日数が２日以下の従業員と、介護休業取得後93日以内に雇用関係が終了する従業員は、労使協定により対象外になることもあります。

〈取得申し出の方法と給料〉

介護休業を利用するためには、休業開始日の2週間前に書面等で事業主に申し出る必要があります。

介護休業は自分が介護を行うだけではなく、仕事と介護を両立するための準備期間（社内の両立支援制度の確認、介護認定の申請、ケアマネジャーとの打ち合わせ、介護施設の見学など）としても利用したいところです。また、介護休業中は、介護休業給付金が支給される場合がありますので、大いに活用しましょう。

〈介護休業給付金〉

一定条件を満たすと、介護休業終了後に介護休業給付金が支給されます。ただし、休業中でも、社会保険料や住民税の支払いが必要です。

介護休業給付金　＝　休業開始時の賃金日額×支給日数×67％相当

勤務時間の短縮等

〈所定外労働の制限（残業免除）〉

労働者からの請求により、対象家族1人について、介護の必要がなくなるまで残業の免除が受けられます。1回につき、1カ月以上1年以内の期間で回数の制限はありません。

〈深夜残業の制限〉

深夜残業の制限を請求すると、午後10時～午前5時の深夜残業が免除されます。1回につき、1カ月以上6カ月以内の期間で回数の制限はありません。

〈所定労働時間の短縮措置等〉

所定労働時間（勤務時間）の短縮、フレックスタイム制度、始業・終業時刻の繰り上げ・繰り下げ、労働者が利用する介護サービス費用の助成、そのほかこれに準じた制度のいずれかの措置を取ることが義務づけられています。介護休業とは別に、利用開始から3年以上の期間で2回以上の利用が可能です。

また、会社によっては独自の両立支援策を定めているケースがあります。新型コロナウイルスの感染拡大で、在宅でのリモートワークが進みましたが、在宅介護をする従業員に対してリモートワークを許可している会社も増えています。

さらに、外部の専門家を紹介して、介護相談の場を設けている会社もあります。介護は一人ひとり状況が異なります。仕事との両立の仕方やおすすめの介護サービスなどを教えてくれることもありますので、会社でどのような支援策があるのか人事担当者に問い合わせてみましょう。

前述のP子さんは、上司のすすめで介護休業を3カ月取得することにしました。その間、実家に戻り、父が要介護認定を受けるときの手続きを母に代わって行うなど、父の介護のキーパーソンになりました。P子さんが仕事に復帰したとき、どのように父のサポートをするのか、母や姉と何度も話し合いました。父は結局、半年後に亡くなりましたが、子どもの教育費のことを考えると、「退職を思いとどまってよかった」と感じており、職場内でほかの社員に対してアドバイスをする役割をかって出ています。

また、Q夫さんは、賃貸住宅を追い出される前に、知人のすすめで自治体の福祉事務所に出向いて生活保護が受けられるかどうか相談しました。その結果、生活保護を受けられることになり、保護費を受給している間、ハローワークで職業訓練を受けて再就職することができました。

本当に介護が理由で辞めたいのか

R子さん（52）は父と母の3人暮らし。40代後半で両親の同時介護が始まりましたが、両親ともに要介護度は最も軽い「要支援1」で、つきっ切りで世話をしなければならないというわけではありませんでした。当時正社員として15年以上のキャリアがありましたが、残業が多く、朝は9時出社して帰宅するのは終電近くという日々が続いていました。

日中、父と母は互いに老老介護をしているので、そのストレスからなのか、深夜に帰宅したR子さんをつかまえて母はグチをこぼすようになったのです。母のグチを聞きながら洗濯物をたたんだり食器の洗い物をしたりすると、睡眠時間が3～4時間になってしまい、心身ともに疲弊してしまいました。

もちろん、会社には仕事と介護を両立させる制度が整っていたのですが、「要介護」「常時介護を必要とする状態」ではなかったため、介護休業や介護休暇は取得できませんでした。誰に相談することもなく退職に気持ちが傾いてしまい、親の介護を理由に会社を辞めてしまったのです。幸いにもその後、すぐに転職できたのはよかったのですが、年収はかなり減ってしまいました。

このように、「会社を辞めたい」と思ったときは、介護者を支援する会などに相談してみることをおすすめします。客観的な目でアドバイスしてくれて、支援に結びつくこともあります。

介護を理由に会社を辞めることを考えているつもりでも、実は一番の理由は、親の介護ではなくて、職場内の人間関係のトラブルだったり、待遇の不満だったりすることがあります。本当に辞めたい理由は何なのか、冷静に考える時間を持つようにしましょう。なぜなら、一度辞めてしまうと、再就職しても前職を上回る年収を得ることは難しいからです。親たちが亡くなった後は、自分の長い老後が待っています。あせって退職しないで、いろいろな制度を活用したり、仕事を調整してもらったりして、働き続けるプランを考えましょう。

「小規模多機能型居宅介護」で安心して仕事に出る

S美さん（35）は、母と2人暮らし。68歳の母が若年性のアルツハイマー型認知症になり、1人暮らしだったS美さんは母と同居することになりました。父は母の面倒をみているなか、脳出血で倒れました。九死に一生を得ましたが、半身不随で、リハビリ病院での入院生活を経て施設で生活しています。

母は要介護1で、デイサービスに通える日数が限られており、S美さんは母の面倒をみるために会社を辞めることを考えました。そんなとき、上司から介護休業や介護休業給付金を使うことをすすめられたのです。この制度を使って、2カ月間で介護のための体制を整えました。

まず、「小規模多機能型居宅介護」と賃貸住宅が併設されている施設を探して引っ越しました。その施設は、1階が小規模多機能型居宅介護の事業所で、2階以上が賃貸住宅です。母が1人で自宅で過ごしているときでも、何かあれば緊急コールでスタッフが自宅に駆けつけてくれるので、安心して仕事に出かけることができます。

小規模多機能型居宅介護は、第6章で解説したように、介護保険制度の地域密着型のサービスです。デイサービスを中心に、ホームヘルプ、施設に短期間泊まれるショートステイなどを組み合わせて使うことができます。利用料は定額制で、毎日デイサービスに通うケアプランを立てたとしても、介護保険の自己負担額は1～3割です。利用時は施設に直接申し込み、それまで居宅サービスを使っていたら、ケアマネジャーとの契約を打ち切る必要があります。

S美さんの母は要介護1なので、自己負担は月額約1万1500円（食事代別）ですんだそうです。月曜から金曜までデイサービスに通うプランを立ててもらい、土日は兄と姉が母の面倒をみることで、S美さんはオフを満喫できるようになりました。このようにして、職場に復帰し、仕事との両立が可能になりました。

「自分が面倒をみなければ」と思い込まない

日本経済調査協議会の介護離職問題調査研究会では、年間10万人とも言われる介護離職者の介護の実態や仕事と介護の両立を阻む壁は何かを知るための調査研究を行っています。

2019年6月、中間報告書「「介護離職」防止のための社会システム構築への提言～中間提言～ケアマネジャーへの調査結果から」を公表しました。

千葉県内の居宅介護支援事業所（1866事業所）に所属するケアマネジャー（介護支援専門員）の協力で「介護離職のアンケート調査」を実施し、介護離職の実態を調査しています。千葉県は東京都内で働く人たちのベッドタウンとして多くの会社員が居住している一方で、房総半島地域などは過疎地域を含む「地方」という地域性もあることから、有意なデータを得やすいモデル地域として選ばれたそうです。

この結果によると、これまで主な家族介護者が介護離職に至ったケースが「あった」と答えた事業所は30％で、「いなかった」と答えた事業所は70％でした。「働き方を変えれば防げたか」という問いに対して、57・4％が「防げなかった」と答えているのが意外です（有効回答は全体の42％、783事業所）。

介護離職を選択した人の中には、「自分が親の面倒をみなければならない」とかたくなに思い込んで親と子で依存し合っているケース、あるいは介護者が職場で仕事への不満や対人関係のトラブルを抱えていて、介護を理由に離職したケースが見受けられました。その場合、介護の問題というよりも、家族の関係や介護者当人の仕事に対する姿勢が問題になってきますので、介護離職と断定できず、ケアマネジャーによる介入が難しいと現場で判断されているのです。

次に紹介するのは、同調査で明らかになった、会社を辞める必要がないのに、家族間のトラブルなどを理由に会社を辞めてしまったケースです。このようなケースが続かないためにも、介護と仕事との両立の支援、働く人たちへの関連情報の周知が必要です。

〈ケース1：親（性別、年代は不明）の介護をする義理の息子（娘の夫）〉

親と実子である娘との仲があまり良くなく、娘の夫が仕事を辞めて、義理の親の介護を行っています。親は日中1人になるのが不安なので、ショートステイやデイサービスなどの在宅介護サービスを利用しています。

〈ケース2：母と娘（年代は不明）の2人暮らし〉

娘は母の入退院や受診などの付き添いに対応したいという強い気持ちがありました。同時に、娘には「仕事を辞めたい」という気持ちもあり、介護離職を選択してしまいました。今はまったく別の業種の在宅ワークの仕事についています。

このケースのケアマネジャーは、「共依存的な親子関係の人たちについては、とにかく介護サービスを利用して仕事と両立したほうが、子どもの将来のためにもいいと思っています。（仕事を続けることは）将来のために必要ということを理解してもらうことが大切。介護離職をした場合、親を看取った後、残された自分の生活のビジョンがない人が多いと思います。そこを踏み込んで説明して、離職を踏みとどまらせるのは大変です」と、回答しています。

〈ケース3：1人暮らしの父（90代）と同敷地内に住む娘（60代）の場合〉

1人暮らしをしている父が、入院を機に、日常生活に必要な動作をする能力が低下しました。同じ敷地内に住む娘が会社を辞めて面倒をみていて、現在も復職できていないと言います。

このケースのケアマネジャーは、「介護離職を回避できたはず」と考えていましたが、主たる介護者である娘が、周囲の人の意見に聞く耳を持たないほど「自分が親の面倒をみるのが当然」という意識が強かったそうです。

「主介護者となる介護者の考え方にもよると思います。『自分が面倒をみるのが当然』といった意識が強い人は、介護離職も当然のように受け入れ、介護の精神的負担を抱え込んでしまっています。長年かけて積み上げた家族の信頼関係もあるので、介護が必要になってからその意識を修正するのは難しい」と、意見を寄せていました。

困ったときはどこに相談すればよいのか

親の介護に直面したとき、介護離職をすると、さらに困難な生活が待っています。全部自分で面倒をみようと思わないことです。仕事を続けることを前提に、ケアプランを作成してもらいましょう。

介護離職を考える人は、よく「どこに相談していいのかわからない」と言います。通常、介護が始まったらケアマネジャーとやりとりをしますが、基本的にケアマネジャーは介護保険法に規定された専門職です。要介護認定を受けた人が適切な介護サービスを利用するために、ケアプランを作成し、市区町村や介護サービスを提供する事業者との連絡や調整を行い、利用者の介護サービス全体をマネジメントします。ケアプランを作成する際には面談を行い、利用者と家族から希望を聞いて介護サービスを提案しますが、家族側の問題、特に仕事や働き方についてまで指図できる立場ではないのです。

日本介護支援専門員協会は、介護離職を回避できるように会社員たちに助言するケアマネジャー「ワークサポートケアマネ」の育成に乗り出しました。一定の研修を受けた人を認定・登録して、企業などに紹介する取り組みの確立を目指しています。2021年度からの育成開始を目指していますが、ケアマネの負担が増えることが予想されるため、現場で活用されるまでにはしばらく時間がかかりそうです。

なお、地域包括支援センターは、介護がスタートすると、自分が抱えている問題を相談しても、「介護での困りごとはケアマネジャーに相談してください」と言って取り合ってくれないケースもあります。そんなときは民間の介護相談の窓口などで、今抱えている問題を打ち明けてみましょう。決して、1人で抱え込まないでください。

終　章

介護保険制度の未来はどうなるか

——2021年度介護保険法改正

見直される介護サービス、重くなる介護保険料

「２０２５年問題」という言葉をご存じでしょうか。第１次ベビーブームの１９４７〜１９４９年に生まれた人たち、「団塊の世代」が、75歳以降の後期高齢者の年齢に達するのが２０２５年ごろからで、医療費や介護費など社会保障費が急増することが懸念されています。

２０００年にスタートした介護保険制度は、この20年間でサービスの利用者が増え続け、財政を圧迫しています。２０００年４月末時点で要介護（要支援）認定者は２１８万人でしたが、２０１９年４月末には６５９万人と約３倍に増加しました。介護保険の総費用は年々増加し、２０１８年度は11・１兆円です。介護保険制度がスタートした２０００年は３・６兆円なので、これも約３倍となっています。

高齢者人口のピークは、団塊世代の子ども「団塊ジュニア」が65歳以上となる２０４０年。介護ニーズの高い85歳以上の人口が急速に増加する見込みです。各市町村の推計では、介護サービスのニーズが少なくなる自治体もあれば、都市部を中心に逼迫《ひっぱく》した状況が想定さ

れる自治体もあります。介護保険サービスは市町村が主体となって行いますが、人口や財政によって対応に差が出てくることが予想されます。

介護保険法は3年に一度、改正されますが、毎回、議論の俎上に乗るのは、要介護1・2の人の生活支援サービスを市町村の「総合事業」へ移すということです。

総合事業とは、2015年度の介護保険制度の改正で導入されたものです。要支援1・2のサービスが「介護予防サービス」となり、訪問介護は「訪問型サービス」、通所介護は「通所サービス」と名称が変わり、利用者が支払う介護サービス費用は、1回ごとに決められた利用料を支払う形態となりました。自治体によっては、掃除や調理といった家事支援などのサービス提供をボランティアの力を借りる仕組みに転換し、全体的な給付費の伸びを抑えようとしています。

しかし、今まで介護のプロが行っていたサービスをボランティアが行うので、改めて「介護の質」をめぐり議論が起きています。厚生労働省は要介護1・2の人を「軽度者」と定義しており、総合事業に移そうとしていますが、議論は毎回先送りとなっています。

また、個人が負担する介護保険料も年々上がってきています。厚生労働省「平成30年度厚生年金保険・国民年金事業年報」では、厚生年金の平均年金月額は14万4000円。基礎年金の平均年金月額は5万7000円です。

知っておきたいのは、この金額から所得税と住民税、社会保険料が差し引かれるということです。実際に手元に残るお金、可処分所得は9割ぐらいと見たほうがいいでしょう。そうすると、手取りはだいたい18万円で、介護がスタートすると、ここから要介護度に応じて毎月介護サービス費を支払うことになります。

長期的に見ると、社会保険料の負担が増えて、受けられる介護サービスにも見直しがありそうです。そんな将来を予想した上で、長く働いたり、公的年金の受給開始年齢を遅くして（繰り下げ受給）年金額を増やしたりするなどして、老後の資金計画を考えたほうが良いでしょう。

介護保険法改正　3つのポイント

新型コロナウイルスの影響であまりニュースになりませんでしたが、2020年6月下旬、3年に一度の改正介護保険法が成立しました。ポイントを押さえておきましょう。

①地域包括支援センターの役割の強化

おおむね中学校区に1つある地域包括支援センターは介護のよろず相談先です。また、要支援1・2の人は、地域包括支援センターのケアマネジャーにケアプランを作成してもらい、そのプランにもとづいて介護予防サービスを受けます。この地域包括支援センターが、介護（地域支援事業）、障害（地域生活支援事業）、子ども（利用者支援事業）、貧困（生活困窮者自立支援事業）、社会参加支援（就労支援、居住支援、居住地機能の提供など）の相談窓口として一体的に事業を行う計画です。

例えば、今までは、介護をしている家族が相談しようとすると「ケアマネジャーに相談したほうがいい」と言われたり、あるいは子どもが介護離職をしようと相談したら「家族の問題までは対応外」と言われたりして、ほかの部署にあちこち聞かなければならないケースが見受けられました。今後は、介護離職を防止する休暇や休業制度の活用をすすめるといったアドバイスをする役割が期待できます。

地域生活支援事業、生活困窮者自立支援事業なども、複数の制度（法律）にまたがる事業は、担当部署以外では相談・申請は基本的に受け付けられず、支援を受けるのが遅くなるといった弊害がありました。相談窓口が包括的に相談に応じることができるよう、市町村による相談支援体制の整備が求められています。

②高額介護サービス費の引き上げ

高額介護サービス費は、介護を受ける人の自己負担額が過度に重くならないようにするために設けられた制度です（第4章参照）。介護保険を利用した際に支払う自己負担額（原則1割、所得によっては2～3割）の合計が一定の上限を超えたときに、その超えた分が払い戻される制度です。上限額は1カ月ごとに設定されます。

これまでは1世帯あたりの上限額は最大で4万4400円でしたが、年収1160万円を超える高所得者（世帯）の負担上限額が14万1000円に、年収約770万～約1160万円の世帯は上限が9万3000円になります。年収約383万～約770万円の世帯の上限は、4万4400円と現状維持になります。

図表終-1　高額介護サービス費の改正

現状		改正後	
収入要件	世帯の上限額	収入要件	世帯の上限額
現役並み所得相当（年収約383万円以上）	44,400円 第2号被保険者を含む同一世帯の者のサービス自己負担額の合計	①年収1,160万円以上	140,100円
		②年収約770万～約1160万円	93,000円
		③年収約383万～約770万円	44,400円
一般（1割負担者のみ世帯は年間上限あり）	44,400円	一般	44,400円
市町村民税世帯非課税等	24,600円	市町村民税世帯非課税等	24,600円
年金80万円以下等	15,000円	年金80万円以下等	15,000円

※「改正後」の所得区分・上限額は、医療保険の「高額療養費制度」と同じ。

（出所）厚生労働省の資料をもとに作成

③補足給付の対象者の縮小

介護保険施設やショートステイを利用する低所得者に対して、「補足給付」という公的補助が行われています。全額自己負担となる食費と居住費を、その人の所得に応じて市町村が一部負担します。

2021年度の改正では所得区分がさらに細かくなり、第1段階（生活保護受給者）から第4段階（給付対象外）まで4区分ありますが、第3段階（本人の年金収入などが80万円超で、世帯全員の住民税が非課税）に該当する人を、以下の①と②の2区分に分けることになりました。

〈所得区分〉

- 第1段階……生活保護受給者。かつ世帯全員が市町村民税非課税（預貯金などは単身で1000万円以下、夫婦で2000万円以下）。
- 第2段階……世帯全員が市町村民税非課税で、かつ年金収入と合計所得金額が80万円以下（預貯金などは単身で650万円以下、夫婦で1650万円以下）。

- 第3段階①……世帯全員が市町村民税非課税で、かつ本人の年金収入などが80万円超かつ120万円以下（預貯金などは単身で550万円以下、夫婦で1550万円以下）。
- 第3段階②……世帯全員が市町村民税非課税で、かつ本人の年金収入などが120万円超（預貯金等は単身で500万円以下、夫婦で1500万円以下）。
- 第4段階……本人が市町村民税課税者で、世帯にも課税者がいる。

例えば、特別養護老人ホームのユニット型個室に入所している人で、第3段階②に当てはまると、月2万2000円、自己負担額が増加します。全国で約30万人の第3段階対象者に影響が出ると言われています。

さらに、ショートステイを利用するときの食費の補助も見直されます。改正の自己負担額は1日あたり、第2段階で210円増の600円、第3段階①で350円増の1000円、第3段階②で650円増の1300円となります。ショートステイは要介護度に応じて利用日数が決められていますが、1カ月近く利用する人もいるので、食費だけでも数千円〜1万円近い負担増になります。

また、給付を受けるための資産要件も厳しくなります。収入が低いために補足給付の対象者でも、一定金額以上の預金残高がある場合は給付の対象外になります。単身者の預金残高は1000万円以下という基準が設けられていましたが、第2段階650万円以下、第3段階①550万円以下、第3段階②は500万円以下、と所得段階に応じて新たに基準が設けられました。

これまで、介護老人福祉施設は有料老人ホームにくらべて月々のコストが安いと考えられていましたが、利用者の年金などの収入や資産の状態によっては割高になるケースも予想されます。終《つい》の住処《すみか》選びのときは、月々かかる費用を計算した上で入所を検討することが大事です。

このほかにも、介護人材の不足に対応するために、介護職員の処遇改善、多様な人材の確保育成、離職防止、外国人材の受け入れなど環境整備のための施策が盛り込まれました。また、人材不足を補うためにロボット技術の活用なども促進されます。

図表終-2　介護保険３施設に係る第４段階と第３段階②の本人支出額（介護保険３施設平均）

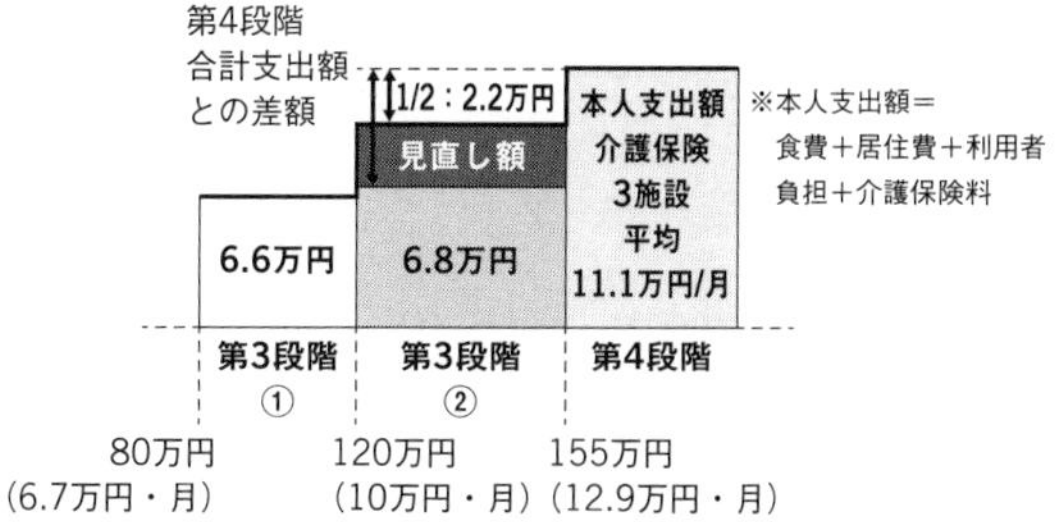

本人支出額	第3段階①	第3段階②	第4段階	第4段階と第3段階②の差額	差額の1/2（見直し額）
特別養護老人ホーム	73,087円	74,261円	121,331円	47,070円	23,535円
介護老人保健施設	63,021円	64,195円	102,281円	38,086円	19,043円
介護療養型医療施設	63,021円	64,195円	108,304円	44,109円	22,055円
介護保険３施設平均	66,376円	67,550円	110,638円	43,088円	21,544円

- 特養・老健・療養のそれぞれについて、居室類型別の利用者数（介護保険データベース（※））で加重平均し、段階別の合計支出額を算出。
  ※第3段階①・②は第3段階の居室類型別の利用者数、第4段階は第4段階の居室類型別の利用者数で加重平均。老健と療養の別がないため、老健と療養とで同じ人数を用いている。
- 介護保険３施設平均については、特養・老健・療養の値を単純平均。
- 利用者負担は、第3段階①・②は高額介護サービス費の上限額。第4段階については、H28年介護サービス施設・事業所調年報の平均利用料（サービス類型別の数字であり、居室類型別ではない）。
- 食費、居住費、介護保険料は制度上の値をそのまま利用。

（出所）厚生労働省「制度の持続可能性の確保（参考資料）」（社会保障審議会 介護保険部会（第88回））

先送りされた検討事項にも注目

２０２０年度の介護保険法改正案で、議論にはなったけれども最終的には先送りされた検討事項にも注目しておく必要があります。２０１９年10月に消費税が増税されたため、国民負担がこれ以上増えないように配慮されたものですが、次回の改正の際には、再度、議論・検討されるでしょう。

①ケアマネジメントの有料化

ケアプラン（介護サービス計画）作成を含むケアマネジメントに対する利用者負担はゼロですが、通常の介護サービスと同じ負担（原則1割）にする案がありました。ケアマネジメント費は年間５０００億円を超えていて、実現すると５００億円の支出削減になると見込まれています。

②生活援助サービスの市町村への移管

先に解説したように、要介護1～2の人に対する生活支援サービス（掃除や調理など）の市町村への移管も検討事項でした。訪問介護のうち、掃除や調理などを地域のボランティアなどにまかせれば、介護の人手不足と給付費の抑制につながると期待されているのです。しかし、市町村での受け皿となる地域支援事業などが、特に地方都市で整備が遅れており、今回の改正では見送られることになりました。

③利用者の自己負担の増額

介護サービスの自己負担の割合は、所得によって1～3割となっていて、1割負担に該当する人は介護サービスを受ける人の約9割を占めています。この所得の基準を変更して、2割・3割の利用者を増やすことが検討されました。これも見送りとなりました。

④保険料負担年齢の引き下げ

現在、介護保険料を負担するのは40歳からです。これは、介護保険料は、介護保険サービスを利用する第1号被保険者（65歳以上）の子ども世代が負担する、という前提だからです。介護保険制度が設計されたのは１９９０年代で、当時、65歳以上の親がいる人の平均年齢は40歳以上でした。しかし、晩婚化が進み、第1子の出産年齢が高くなったため、親が65歳以上となる子どもの年齢が低下してきています。２０５０年には平均で33歳になることも予想されるため、介護保険料の負担年齢を30歳に引き下げることが検討されました。

以上の点を総合的に見ると、将来的には利用者の介護費用の負担が増えることが予想されます。年金などの収入が少ない人は、サービスの利用を控えるといったケースも出てくるでしょう。そうなると、その分、家族の負担が増えてしまいます。介護保険制度の改正を注視することが大事です。

参考文献一覧

井戸美枝著『受給額が増える！　書き込み式 得する年金ドリル』（宝島社）

井戸美枝著『図解　２０２１年度介護保険の改正　早わかりガイド』（日本実業出版社）

井戸美枝著『届け出だけでもらえるお金』（プレジデント社）

井戸美枝著『身近な人が元気なうちに話しておきたい　お金のこと　介護のこと』（東洋経済新報社）

太田差惠子著『親が倒れた！　親の入院・介護ですぐやること・考えること・お金のこと』（翔泳社）

太田差惠子著『高齢者施設 お金・選び方・入居の流れがわかる本　第2版』（翔泳社）

岡本典子著『後悔しない高齢者施設・住宅の選び方』（日本実業出版社）

畠中雅子、新美昌也著『これで安心！　入院・介護のお金 知らないと損をする48のこと』（技術評論社）

週刊朝日ＭＯＯＫ「すべてがわかる認知症２０１７」

「週刊女性自身」２０１９年8月20日発売号「家族信託なら自分の意思でお金を残せる！」

「週刊女性自身」２０１９年12月10日号「認知症の親が与えた損害、タダで入れる保険もあります！」

葛飾区「令和２（２０２０）年度版 介護保険制度と高齢者保健福祉サービスのご案内」

東京都福祉保健局高齢社会対策部在宅支援課「知って安心認知症」（平成30年12月発行）

一般社団法人日本経済調査会介護離職問題調査研究会中間報告書「「介護離職」防止のための社会システム構築への提言～中間提言～ケアマネジャーの調査結果から」

社会福祉法人全国社会福祉協議会「ここが知りたい　日常生活自立支援事業　なるほど質問箱」

厚生労働省「介護休業制度」
https://www.mhlw.go.jp/seisakunitsuite/bunya/koyou_roudou/koyoukintou/ryouritsu/kaigo/index.html

裁判所　成年後見制度　https://www.courts.go.jp/saiban/koukenp/koukenp1/index.html

日本公証人連合会　任意後見契約　http://www.koshonin.gr.jp/business/b02

日本年金機構　https://www.nenkin.go.jp/

法務省　成年後見制度　http://www.moj.go.jp/MINJI/minji17.html

オリックス銀行　https://www.orixbank.co.jp/personal/trust/familytrust/

城南信用金庫　https://www.jsbank.co.jp/useful/anshin/

広島銀行　https://www.hirogin.co.jp/service/prepare/

みずほ信託銀行「認知症サポート信託」
https://www.mizuho-tb.co.jp/souzoku/ninchisho_support/shikumi.html

三井住友信託銀行「100年パスポート」
https://www.smtb.jp/personal/entrustment/management/100passport/
三菱UFJ信託銀行「つかえて安心」
https://www.tr.mufg.jp/shisan/tsukaeteanshin_01.html

井戸美枝 いど・みえ

社会保険労務士、ファイナンシャル・プランナー（CFP認定者）、1級ファイナンシャル・プランニング技能士、DCプランナー、産業カウンセラー。神戸生まれ。関西大学社会学部卒業。1990年、井戸美枝事務所を設立。2013〜19年、社会保障審議会「企業年金部会」委員。19年から同「企業年金・個人年金部会」委員。著書に『図解 2021年度 介護保険の改正 早わかりガイド』など多数。オンライン講座にも力を入れている。https://mie-ido.com

日経プレミアシリーズ｜451

残《ざん》念《ねん》な介護《かいご》 楽《らく》になる介護《かいご》

二〇二一年一月八日 一刷

著者 井戸美枝
発行者 白石 賢
発行 日経BP
日本経済新聞出版本部
発売 日経BPマーケティング
〒一〇五―八三〇八
東京都港区虎ノ門四―三―一二
装幀 ベターデイズ
組版 マーリンクレイン
印刷・製本 凸版印刷株式会社

ISBN 978-4-532-26451-2 Printed in Japan

日経プレミアシリーズ 445

伊勢物語　在原業平　恋と誠

高樹のぶ子

平安の歌人・在原業平の一代記を日本で初めて小説化した作家が、政から遠ざかり「みやび」に生きた高貴な血筋の男の人間力を、数々の女性との恋や、男たちとの垣根を越えた交誼から解き明かしていく。思うにまかせぬことをも愉しみながら生き抜いた業平の生涯は、時代の転換期を生きる私たちに多くの気づきを与えてくれる。

日経プレミアシリーズ 420

お殿様の人事異動

安藤優一郎

お国替えという名の大名の異動が繰り返された江戸時代。御家騒動や世継断絶から、職務怠慢、色恋沙汰や酒席の狼藉まで、その理由は多岐にわたる。大名や家臣たちはその都度、多大な苦労を強いられ、費用負担などもただならぬものがあった。将軍が大名に行使した国替えという人事権、幕府要職者にまつわる人事異動の泣き笑いを通して読み解く歴史ノンフィクション。

日経プレミアシリーズ 423

子供が消えゆく国

藤波　匠

2019年、日本人の出生数が90万人を大きく割り込み、86万人に急減。本格的な人口減少時代に足を踏み入れたことを認識すべきだ。出生数の減少をできるだけ押しとどめ、人口減少による人手不足を逆手にとってチャンスに変える方策を、緻密なデータ分析と実地調査をもとに示す。

日経プレミアシリーズ 440

ダイヤモンド　欲望の世界史

玉木俊明

ダイヤモンドは欲望の代名詞。人々はなぜこの炭素物質に魅了されるのか？　古代ギリシャ、大航海時代から覇者デビアスの誕生・凋落、紛争ダイヤ、合成ダイヤまで、人々の欲望をめぐって成長してきたダイヤモンドビジネスの謀略にまみれた知られざる歴史を追う。

日経プレミアシリーズ 438

地形と日本人

金田章裕

私たちは、自然の地形を生かし、改変しながら暮らしてきた。近年頻発する自然災害は、単に地球温暖化や異常気象だけでは説明できない。防災・減災の観点からも、日本人の土地とのつき合い方に学ぶ必要がある。歴史地理学者が、知られざるエピソードとともに紹介する、大災害時代の教養書。

日経プレミアシリーズ 422

歴史に学ぶ　プロ野球16球団拡大構想

安西　巧

プロ野球の観客動員数は年間2600万人を超え史上空前の活況。さらなる発展のため、4球団を新設し16球団に拡大する好機。地方経済を活性化させる新球団をどこに置くべきか。日本への野球伝来から2リーグ制成立、「球界再編」騒動へと球史をひもときながら、球団拡張の可能性を探る。

日経プレミアシリーズ449

若者たちのニューノーマル

牛窪　恵

つながり重視だけど、「密」はイヤ。なりたい職業がないから「起業」。あこがれるのは「一体感」と「昭和の家族」。コロナ禍の若者たちは日々をどう過ごし、何を消費し、将来をどう考えているのか？　親父と息子の入れ替わり物語と、キーワードで読み解く、Z世代の素顔。

日経プレミアシリーズ447

文系・理系対談 日本のタコ壺社会

相原博昭・奥原正明

このままで日本は本当に大丈夫なのか、必要な改革がなかなか進まない原因はどこにあるのか、我々が皆、自身の属する閉鎖的な組織（タコ壺）にどっぷりつかり、内輪のルールや「空気」に従うのが当然だと思っていることに原因があるのではないか――。文系・理系の無意味な「区別」への疑問を端緒に、タテ割りを排し、既得権に切り込み、現状を打開するための方策を考える対談集。

日経プレミアシリーズ446

給与クライシス

平康慶浩

「毎日まじめに働いていれば少しずつでも給与が上がる」。コロナショックによる社会変化によりそんな古い仕組みが過去のものになりつつある今、会社員はどのように生涯のキャリアを考えるべきか？ジョブ型とメンバーシップ型の給与体系の違い、テレワーク時代に評価されるスキル、転職先の選び方や学びなおしのヒントまで、人事のプロが解説する。